Wirtschaft und Recht für Mittelstand und Handwerk

Studien und Dissertationen aus dem Ludwig-Fröhler-Institut für Handwerkswissenschaften

herausgegeben von

Prof. Dr. oec. publ. Gunther Friedl,
Technische Universität München

Prof. Dr. iur. Martin Burgi,
Ludwig-Maximilians-Universität München

Band 10

Stefan Arnold

Recht auf Reparatur

Vertragliche Umsetzung und Herausforderungen
für das Handwerk

Gefördert durch:

aufgrund eines Beschlusses
des Deutschen Bundestages

sowie die
Wirtschaftsministerien
der Bundesländer

Die Deutsche Nationalbibliothek verzeichnet diese Publikation in
der Deutschen Nationalbibliografie; detaillierte bibliografische
Daten sind im Internet über http://dnb.d-nb.de abrufbar.

1. Auflage 2024

© Stefan Arnold

Publiziert von
Nomos Verlagsgesellschaft mbH & Co. KG
Waldseestraße 3–5 | 76530 Baden-Baden
www.nomos.de

Gesamtherstellung:
Nomos Verlagsgesellschaft mbH & Co. KG
Waldseestraße 3–5 | 76530 Baden-Baden

ISBN (Print): 978-3-7560-1265-7
ISBN (ePDF): 978-3-7489-4016-6

DOI: https://doi.org/10.5771/9783748940166

Onlineversion
Nomos eLibrary

Vorwort

Das „Recht auf Reparatur" ist ein zentraler Topos in der gesellschaftlichen und rechtlichen Diskussion über Recht und Nachhaltigkeit. So will auch die Europäische Union mit einer Richtlinie zur Förderung der Reparatur von Waren das Abfallaufkommen verringern, Ressourcen einsparen, Treibhausgasemissionen reduzieren und die vorzeitige Entsorgung brauchbarer Waren verringern. Die Lebensdauer vieler Produkte ist oft viel weniger lang, als es aus Nachhaltigkeitsgründen ideal wäre. Reparaturen können helfen, frühzeitige Obsoleszenz zu verringern. Die Förderung von Reparaturen ist freilich komplex und hängt von vielen Elementen ab. Zu ihnen gehören beispielsweise der Zugang zu Ersatzteilen zu angemessenen Preisen, ein reparaturfreundliches Produktdesign und ein möglichst reparaturfreundliches gesellschaftliches Klima. Auch das Vertragsrecht spielt eine wichtige Rolle in einem intelligenten Regulierungsmix, der Reparaturen effektiv fördern kann. Denn das Vertragsrecht ist Teil der rechtlichen Rahmenbedingungen, die reparaturrelevante Entscheidungen, Strategien und Verhaltensweisen lenken. Durch kluge Gestaltung des Vertragsrechts können Reparaturen gestärkt und die Lebensdauer von Produkten erhöht werden. Dabei zeigt sich das Potenzial des Privatrechts, übergeordnete Gemeinwohlbelange wie die Nachhaltigkeit zu fördern. Die vorliegende Studie beruht auf einem Gutachten im Auftrag des Ludwig-Fröhler-Instituts für Handwerkswissenschaften. Sie ist daher auch rechtspolitischer Natur und betont immer wieder die Perspektive des Handwerks. Die Grenzen des Rechts verlässt die Studie freilich nicht. Sie orientiert sich an politischen Zielen, die von den politischen Entscheidungsträgern formuliert sind. Der Perspektive des Handwerks kommt beim „Recht auf Reparatur" naturgemäß besondere Bedeutung zu: Ohne die technische, ökonomische und ökologische Expertise des Handwerks können Reparaturen nicht effizient gefördert werden. Die Studie beinhaltet eine detaillierte Analyse des Kommissionsvorschlag vom 22.3.2023. Das weitere Schicksal des Kommissionsvorschlags ist ungewiss. Die vom Europäischen Parlament in der ersten Lesung am 21. November 2023 angenommenen Abänderungen und der Standpunkt des Rats vom 22. November 2023 konnten für die Veröffentlichung nicht mehr berücksichtigt werden. Das zentrale Anliegen dieser Studie bleibt davon unberührt, nämlich die zentralen Ursachen frühzeitiger

Obsoleszenz zu analysieren, die Steuerungseffekte des derzeit geltenden vertragsrechtlichen Rahmens aufzuzeigen und darauf aufbauend das regulative Potential des Vertragsrechts zur Förderung von Reparaturen auszuloten. So bleibt zu hoffen, dass diese Studie einen bescheidenen Beitrag dazu leisten kann, effektive Regulierungswege zur Erreichung spezifischer Nachhaltigkeitsziele zu finden.

Münster, im Dezember 2023

Stefan Arnold

Inhaltsverzeichnis

A. Einführung

I. Das „Recht auf Reparatur" im Kontext der Diskussion über Recht und Nachhaltigkeit

Das Recht auf Reparatur ist ein zentraler Topos in der Diskussion über Recht und Nachhaltigkeit.[1] Der Nachhaltigkeitsbegriff hat viele Dimensionen, von denen traditionell drei betont werden: die ökologische Dimension, die soziale Dimension und die ökonomische Dimension.[2] In dieser Untersuchung liegt der Schwerpunkt auf der ökologischen Dimension der Nachhaltigkeit, deren Zusammenspiel mit der ökonomischen und sozialen Dimension der Nachhaltigkeit aber mitgedacht wird. Denn das Gutachten kontextualisiert und bewertet im Kern den Regelungsvorschlag der Kommission vom 22.3.2023 für eine Richtlinie des europäischen Parlaments und des Rates über gemeinsame Vorschriften zur Förderung der Reparatur von Waren und zur Änderung der Verordnung (EU) 2017/2394 und der Richtlinien (EU) 2019/771 und (EU) 2020/1828 (Kommissionsvorschlag).[3] Daher spiegelt der hier verwendete Nachhaltigkeitsbegriff die Ziele wider, die der Kommissionsvorschlag zum Ausdruck bringt:[4] Zu diesen Zielen gehören die Verringerung des Abfallaufkommens, die Einsparung von Ressourcen, die im Herstellungsverfahren und bei Ersatzlieferung anfallen, die Reduktion von Treibhausgasemissionen und die Verringerung der vorzeitigen Entsorgung brauchbarer Waren.[5] Zur Erreichung dieser Ziele kann das Handwerk durch seine Reparaturexpertise einen zentralen Beitrag leis-

---

1 Vgl. beispielsweise *Michel*, Premature Obsolescence (2022); *Perzanowski*, The Right To Repair (2022); *Sonde*, Das kaufrechtliche Mängelrecht als Instrument zur Verwirklichung eines nachhaltigen Konsums (2015).
2 Dazu und zum Nachhaltigkeitsbegriff *Mittwoch*, Nachhaltigkeit und Unternehmensrecht (2022), S. 11 ff.; ausführlich auch *Ekardt*, Theorie der Nachhaltigkeit (2021); einführend im privatrechtlichen Kontext *Schirmer*, Nachhaltigkeit in den Privatrechten Europas, ZEuP 2021, 35; *Hellgardt*, Nachhaltigkeitsziele und Privatrecht, AcP 222 (2022), 163; zum Nachhaltigkeitsbegriff im Reparaturkontext: Arbeitsgruppe „Nachhaltigkeit im Zivilrecht", 18; zum Nachhaltigkeitsbegriff im Kontext der Digitalisierung *Zech*, Nachhaltigkeit und Digitalisierung im Recht, ZfDR 2022, 123 (124 ff.).
3 Kommissionsvorschlag, COM(2023) 155 final.
4 Vgl. dazu Kommissionsvorschlag, COM(2023) 155 final, EG 1 ff.
5 Kommissionsvorschlag, COM(2023) 155 final, EG 3.

ten. Die ökonomischen und sozialen Dimensionen der Nachhaltigkeit sind in den Zielen des Kommissionsvorschlags ebenfalls integriert, denn die Kommission will unter anderem die Motivation der Verbraucher steigern, ihre Waren länger zu nutzen, die Nachfrage am Reparaturmarkt erhöhen, Anreize für nachhaltige Geschäftsmodelle setzen, im Reparatursektor mehr Beschäftigung, Investitionen und Wettbewerb erreichen und insbesondere unabhängige Reparaturbetriebe fördern – einschließlich kleinerer und mittlerer Unternehmen.[6] Für die Perspektive des Handwerks sind gerade auch diese Nachhaltigkeitsaspekte relevant.

Auch der Koalitionsvertrag zwischen SPD, Bündnis 90/Die Grünen und FDP[7] trägt nicht nur das Wort „Nachhaltigkeit" im Titel, sondern bekennt sich ausdrücklich zum Recht auf Reparatur, indem die Lebensdauer und Reparierbarkeit zum erkennbaren Merkmal der Produkteigenschaft gemacht, und der Zugang zu Ersatzteilen und Reparaturanleitungen sowie die Bereitstellung von Updates während der üblichen Nutzungszeit sichergestellt werden soll. Auch soll eine flexible Gewährleistungsdauer eingeführt werden, die sich an der vom Hersteller bestimmten jeweiligen Lebensdauer orientiert.[8] Der Koalitionsvertrag greift Forderungen zahlreicher Interessenverbände weltweit auf. Sie treten dafür ein, die Reparatur von Gegenständen zu erleichtern, damit ihre Lebensspanne verlängert wird, Umweltressourcen geschont werden und die Wegwerfmentalität in der Gesellschaft zurückgedrängt wird.[9] Paradigmatisch dafür mag das Positionspapier des „Runden Tisches Reparatur"[10] stehen, der 2015 in Berlin gegründet wurde und sich aus Vertretern von Umweltverbänden, Verbraucherschützern, Vertretern der reparierenden Wirtschaft, Wissenschaftlerinnen, privaten Reparaturinitiativen, aber auch Vertretern der herstellenden Industrie zusammensetzt.[11] Ausgangspunkt des Positionspapiers ist die Nachhaltigkeit, sind

---

6 Kommissionsvorschlag, COM(2023) 155 final, EG 3 und 11.

7 Mehr Fortschritt wagen – Bündnis für Freiheit, Gerechtigkeit und Nachhaltigkeit, Koalitionsvertrag 2021-2025, https://www.bundesregierung.de/breg-de/aktuelles/koa litionsvertrag-2021-1990800, 112.

8 Mehr Fortschritt wagen – Bündnis für Freiheit, Gerechtigkeit und Nachhaltigkeit, Koalitionsvertrag 2021-2025, https://www.bundesregierung.de/breg-de/aktuelles/koa litionsvertrag-2021-1990800, 112.

9 Etwa das right to repair movement: https://repair.eu/de/ueber-uns/, der runde Tisch Reparatur: https://runder-tisch-reparatur.de/ oder auch ifixit: https://de.ifixit.com/ News/62335/was-ist-das-recht-auf-reparatur.

10 https://runder-tisch-reparatur.de/wp-content/uploads/2015/11/Positionspapier_Run derTisch.pdf.

11 Vgl. https://runder-tisch-reparatur.de/.

wachsende Abfallberge und der hohe Energie- und Ressourcenverbrauch, der das Klima gefährdet. Deshalb sei es erforderlich, Produkte deutlich länger zu nutzen. Dass dabei die Reparatur von Produkten – und damit unvermeidbar auch das Handwerk – eine zentrale Rolle spielt, leuchtet unmittelbar ein. Reparaturen können entscheidend dazu beitragen, dass Produkte ihre ideale Lebensdauer erreichen, was aus Nachhaltigkeitsgründen dringend geboten ist.[12] Eine deutliche Verlängerung der Nutzungsphase ist selbst bei energieintensiven Geräten erstrebenswert.[13] Das Positionspapier führt aber auch soziale und wirtschaftliche Gründe für eine Stärkung der Reparatur ins Feld. Gerade aus der Perspektive des Handwerks ist bemerkenswert, dass das Positionspapier ausführt:

„Reparatur schafft qualifizierte Arbeitsplätze. Wenn die Rahmenbedingungen für die Reparatur verbessert würden, könnten in vielen Wirtschaftsbereichen neue Arbeitsplätze entstehen. In Deutschland gibt es heute beispielsweise noch rund 10.000 FachhändlerInnen und freie Werkstätten, die weiße Ware reparieren. Rechnet man den Bereich IT hinzu und die vielen anderen Produkte in Haushalten und Unternehmen, die instandgehalten und repariert werden, kann man mit Sicherheit von weit mehr als 100.000 Arbeitsplätzen ausgehen."[14]

Das Positionspapier weist auch auf zahlreiche private Reparaturinitiativen und das wachsende Interesse in der Bevölkerung an der Reparatur von Produkten hin. Es beklagt, dass der Reparatursektor bislang von der Politik vernachlässigt wurde und bezieht sich dabei auf die Herstellerreparatur, aber auch auf die für das Handwerk ebenfalls relevante Reparatur durch unabhängige Reparaturbetriebe. Dem stellt das Papier plausibel einen wachsenden Marktanteil an Produkten gegenüber, deren Lebensdauer immer kürzer wird – auch deshalb, weil sie nicht repariert werden können, sollen oder dürfen. In der Konsequenz fordert das Papier:

---

12 *Alejandre/Akizu-Gardoki/Lizundia,* Optimum operational lifespan of household appliances considering manufacturing and use stage improvements via life cycle assessment, 32 Sustainable Production and Consumption 2022, 52; *Bovea/Ibáñez-Forés/Pérez-Belis,* Repair vs. replacement: what is the best alternative for household small electric and electronic equipment?, in: Bakker u.a. (Hrsg.), Plate Product Lifetimes And The Environment, Conferene Proceedings, Amsterdam (2017), 51.

13 *Bakker/Wang/Huisman/den Hollander,* Products that go round: exploring product life extension through design, 69 Journal of Cleaner Production 2014, 10 (mit konkreten Berechnungen zu Kühlschränken und Laptops).

14 https://runder-tisch-reparatur.de/wp-content/uploads/2015/11/Positionspapier_Run derTisch.pdf, 2.

„Umso wichtiger ist es, dass die Rahmenbedingungen für die Reparatur im Allgemeinen und für diese Produkte im Besonderen deutlich verbessert werden. Sozialbetriebe, kleine Fachhändler, Handwerksbetriebe, Freie Werkstätten und Reparatur-Cafés leiden heute beispielsweise darunter, dass sie von Herstellern nicht mit den erforderlichen Ersatzteilen, Informationen und Softwaretools beliefert werden und manche Ersatzteile überteuert sind."[15]

Das Papier fordert „eine echte Reparatur-Revolution – ein Umdenken und Umsteuern in der Gesellschaft und Politik", indem Produkte reparaturfreundlich werden und Reparatur attraktiver und wettbewerbsfähiger wird.[16] Die konkreten Forderungen betreffen den Zugang zu Ersatzteilen während der gesamten Nutzungsdauer von Produkten, den Zugang zu *erschwinglichen* Ersatzteilen, den Zugang zu Ersatzteilen aus Altgeräten, einen reduzierten Mehrwertsteuersatz für Reparaturdienstleistungen und Gebrauchtwaren, ein reparaturfreundliches Produktdesign, die Erkennbarkeit der Reparaturfreundlichkeit für Kunden, die Aufklärung von Verbraucherinnen, die Bereitstellung von technischen Daten und Diagnosesoftware und Reparatur-Autorisierung für mehr Fachbetriebe auch während der Garantiezeit.[17] Diese Forderungen, die im Laufe der weiteren Untersuchung immer wieder thematisiert werden, lassen klar erkennen, dass das „Recht auf Reparatur" keineswegs nur durch das Vertragsrecht gestaltet werden kann. Vielmehr geht es auch um steuerrechtliche Rahmenbedingungen, verpflichtende Vorgaben beim Produktdesign und weitere Anreize zur Förderung von Reparaturen. All das kann nicht alleine durch vertragsrechtliche Mechanismen erreicht werden. Doch das Vertragsrecht kann als Teil eines Maßnahmenbündels einen wichtigen Beitrag dazu leisten, Reparaturen zu fördern. Handwerksbetriebe spielen dabei gewiss eine entscheidende Rolle: Sie verfügen über das Fachwissen, die Kompetenzen und – jedenfalls prinzipiell – die notwendigen Ressourcen, um erfolgreiche Reparaturen durchzuführen und die Lebensdauer von Waren zu verlängern. Zudem können Handwerksbetriebe auch als Hersteller und Verkäufer von Waren

---

15 https://runder-tisch-reparatur.de/wp-content/uploads/2015/11/Positionspapier_Runder Tisch.pdf, 2.

16 https://runder-tisch-reparatur.de/wp-content/uploads/2015/11/Positionspapier_Runder Tisch.pdf, 2.

17 https://runder-tisch-reparatur.de/wp-content/uploads/2015/11/Positionspapier_Runder Tisch.pdf, 3 f.

einen entscheidenden Beitrag dazu leisten, die Nachhaltigkeit und Langlebigkeit von Waren zu verbessern.

II. Entwicklungslinien innerhalb der Europäischen Union

1. Öko-Design-Richtlinie 2009, Aktionsplan für die Kreislaufwirtschaft 2020

Die Europäische Union verfolgt seit einigen Jahren insbesondere im Rahmen des europäischen *Green Deal*[18] eine nachhaltigere Ausgestaltung des Rechts.[19] Die Ökodesign-Richtlinie[20] führte bereits Anforderungen an die umweltgerechte Gestaltung energieverbrauchsrelevanter Produkte ein. Auf ihrer Basis entstanden verschiedene Regelungen für Elektrogroßgeräte wie beispielsweise Kühlgeräte[21] oder Waschmaschinen und Wäschetrockner[22], die auch Pflichten zur Bereithaltung von Ersatzteilen, Informationspflichten und Normen zur Ermöglichung des Austauschs bestimmter Teile vorsehen. Diese Aspekte sind für Reparaturen zentral: Reparaturen können von vornherein schlicht unmöglich sein, wenn Produkte schon in der Designphase reparaturfeindlich gestaltet werden – etwa dadurch, dass Bauteile so verklebt werden, dass ein Austausch von Einzelteilen nicht ohne Beschädigung möglich ist.[23] Bislang enthält das europäische Ökodesign-Recht freilich keineswegs Regelungen für alle oder auch nur die meisten Waren, sondern lediglich für wenige spezifische Produktgruppen.

---

18 Insbesondere: Mitteilung der Kommission vom 11.12.2019 – Der europäische grüne Deal, COM(2019) 640 final; zu weiteren Mitteilungen und Aktivitäten auf europäischer Ebene, die in ihrer Gesamtheit als *Green Deal* diskutiert werden vgl. *Burgi*, Klimaverwaltungsrecht angesichts von BVerfG-Klimabeschluss und European Green Deal, NVwZ 2021, 1401.

19 Vgl. etwa *Mehnert*, Reparaturen für alle? – Rechtliche Perspektiven des „Right to repair", ZRP 2023, 9; *Tonner*, Mehr Nachhaltigkeit im Verbraucherrecht – die Vorschläge der EU-Kommission zur Umsetzung des Aktionsplans für die Kreislaufwirtschaft, VuR 2022, 323; zu den neuesten Entwicklungen *Falke*, Neue Entwicklungen im Europäischen Umweltrecht, ZUR 2023, 431.

20 RL 2009/125/EG des Europäischen Parlaments und des Rates vom 21. Oktober 2009 zur Schaffung eines Rahmens für die Festlegung von Anforderungen an die umweltgerechte Gestaltung energieverbrauchsrelevanter Produkte (Neufassung), ABl. L 285, 10, zuvor RL 2005/32/EG, ABl. L 191/29.

21 VO EU 2019/2019 vom 1.10.2019, ABl. L 315/187.

22 VO EU 2019/2023 vom 1.10.2019, ABl. L 315/285.

23 *Micklitz/Mehnert/Specht-Riemenschneider/Liedtke/Kenning*, Recht auf Reparatur (2022), 31.

Die Europäische Kommission forcierte die unionalen Bemühungen um ein nachhaltigeres Recht in der Mitteilung vom 11.3.2020 „Ein neuer Aktionsplan für die Kreislaufwirtschaft – Für ein sauereres und wettbewerbsfähigeres Europa".[24] Der Aktionsplan erging im Rahmen des europäischen *Green Deal*[25] und beinhaltet ehrgeizige Ziele für eine nachhaltigere Produktpolitik. Unter anderem sollte geprüft werden, wie die Haltbarkeit, Wiederverwendbarkeit, Nachrüstbarkeit und Reparierbarkeit von Produkten verbessert werden können. Zudem sollte die Energie- und Ressourceneffizienz von Produkten gesteigert werden. Der Recycleanteil in Produkten sollte erhöht, Wiederaufarbeitung und hochwertiges Recycling ermöglicht, der ökologische Fußabdruck verringert werden.[26] Zugleich sollten Maßnahmen gegen vorzeitige Obsoleszenz von Produkten und die Einführung eines Verbots der Vernichtung unverkaufter, nicht verderblicher Waren geprüft werden.[27] Auch sollten Anreize für Modelle gesetzt werden, bei denen die HerstellerEigentümer bleiben oder die Verantwortung für die Leistung von Produkten während des gesamten Lebenszyklus übernehmen (beispielsweise „Produkt als Dienstleistung").[28] Das Potenzial für die Digitalisierung von Produktinformationen (digitale Produktpässe, Markierungen und Wasserzeichen) sollte ebenso geprüft werden wie die Möglichkeit passender Produktkennzeichnungen auf Grundlage ihrer jeweiligen Nachhaltigkeitsleistung.[29] Ein Schwerpunkt sollte weiterhin auf bestimmten Produktgruppen liegen: Elektronik, Informations- und Kommunikationstechnologien (IKT), Textilien, aber auch Möbel und Zwischenprodukte mit hohen Umweltauswirkungen wie Stahl, Zement und Chemikalien.[30] Und vor allem sah der Aktionsplan 2020 eben auch die Erarbeitung eines „Rechts auf Reparatur" vor.[31] So sollten Verbraucherinnen zuverlässig und sachdien-

---

24 COM (2020) 98 final vom 11.3.2020, 6. Dazu etwa *Petersen*, Die Produktverantwortung im Kreislaufwirtschaftsrecht, NVwZ 2022, 921 und *Tonner*, Mehr Nachhaltigkeit im Verbraucherrecht – die Vorschläge der EU-Kommission zur Umsetzung des Aktionsplans für die Kreislaufwirtschaft, VuR 2022, 323.

25 Insbesondere: Mitteilung der Kommission vom 11.12.2019 – Der europäische grüne Deal, COM(2019) 640 final; dazu *Falke*, Neue Entwicklungen im Europäischen Umweltrecht, ZUR 2020, 246; instruktiv auch *Burgi*, Klimaverwaltungsrecht angesichts von BVerfG-Klimabeschluss und European Green Deal, NVwZ 2021, 1401.

26 COM(2020) 98 final, 4.

27 COM(2020) 98 final, 4.

28 COM(2020) 98 final, 5.

29 COM(2020) 98 final, 5.

30 COM(2020) 98 final, 5.

31 COM(2020) 98 final, insbes. 6, 8, 12.

lich über die Lebensdauer von Produkten, aber auch über die Verfügbarkeit von Reparaturdiensten, Ersatzteilen und Reparaturanleitungen informiert werden.[32] Nach dem Aktionsplan sollten außerdem neue horizontale materielle Verbraucherrechte geprüft werden, „beispielsweise in Bezug auf die Verfügbarkeit von Ersatzteilen oder den Zugang zu Reparaturen und – im Falle von IKT und Elektronik – zu Nachrüstungen".[33] Auch die potenzielle Rolle von Garantien sollte im Zusammenhang mit der Überarbeitung der Warenkaufrichtlinie überprüft werden.[34]

Die Kommission widmete sich zunächst dem Ökodesign: Am 30.3.2022 legte sie einen Vorschlag für eine Verordnung zur Schaffung eines Rahmens für die Festlegung von Ökodesign-Anforderungen für nachhaltige Produkte und zur Aufhebung der Richtlinie 2009/125/EG vor (Ökodesign-VO-E 2022).[35] Künftig sollen Ökodesignanforderungen deutlich mehr Produkte betreffen.[36] Wie noch zu zeigen sein wird, hängen das „Recht auf Reparatur" und die Regelungen des Ökodesign-Rechts eng miteinander zusammen. Wenn das „Recht auf Reparatur" praktisch effektiv werden soll, ist es auf eine enge Verbindung mit den Vorgaben des Ökodesign-Rechts angewiesen.

2. Initiative „Nachhaltiger Konsum von Gütern – Förderung von Reparatur und Wiederverwendung"

Der Weg zum Kommissionsvorschlag für ein „Recht auf Reparatur" führte über die Initiative „Nachhaltiger Konsum von Gütern – Förderung von Reparatur und Wiederverwendung".[37] Die Initiative beschäftigte sich mit Regulierungsoptionen, durch die die nachhaltige Nutzung von Gütern generell für ihre gesamte Nutzungsdauer gefördert werden könnte. Ebenso

---

32 COM(2020) 98 final, 6.
33 COM(2020) 98 final, 6.
34 COM(2020) 98 final, 6.
35 COM(2022) 142 final. Dazu etwa *Wende*, Sustainability by Design? – Nachhaltigkeitsaspekte im europäischen Produktrecht, ZfPC 2022, 165 sowie noch näher unten, D.III.2.
36 *Wende*, Sustainability by Design? – Nachhaltigkeitsaspekte im europäischen Produktrecht, ZfPC 2022, 165; Kritisch dazu, dass der produktbezogene Ansatz gleichwohl nicht aufgegeben wurde: *Micklitz/Mehnert/Specht-Riemenschneider/Liedtke/Kenning*, Recht auf Reparatur (2022), 33.
37 https://ec.europa.eu/info/law/better-regulation/have-your-say/initiatives/13150-Nachhaltiger-Konsum-von-Gutern-Forderung-von-Reparatur-und-Wiederverwendung_de.

relevant wie nachhaltige Kaufentscheidungen von Verbraucherinnen ist dazu die Entwicklung von Produkten, die leicht repariert werden können. Für das Handwerk bedeuten leicht reparierbare Produkte grundsätzlich erhebliche Marktchancen, da das Handwerk über die Kompetenz für solche Reparaturen verfügt. Die Initiative lotete in Umfragen drei Regulierungsoptionen mit weiteren Unteroptionen aus – gestaffelt nach der Stärke des politischen Zugriffs.[38] Bis 5.4.2022 wurde eine umfassende Konsultation durchgeführt, die zu zahlreichen Rückmeldungen führte.[39] Die Optionen waren weder als abschließend noch als wechselseitig ausschließend zu verstehen. Vielmehr griff die Initiative gewisse Möglichkeiten heraus, die miteinander kombiniert, aber auch um weitere ergänzt werden konnten.[40]

3. Kommissionsvorschlag vom 22.3.2023: das neue „Recht auf Reparatur"

Die Initiative mündete im Kommissionsvorschlag vom 22.3.2023 für eine Richtlinie des europäischen Parlaments und des Rates über gemeinsame Vorschriften zur Förderung der Reparatur von Waren und zur Änderung der Verordnung (EU) 2017/2394 und der Richtlinien (EU) 2019/771 und (EU) 2020/1828.[41] Der Vorschlag sieht neben Änderungen der Warenkaufrichtlinie und der Verbandsklagenrichtlinie Maßnahmen zur Förderungen von Reparaturen vor, die ein neues „Recht auf Reparatur" beinhalten.[42] Mit dem Vorschlag will die Kommission die schon im Aktionsplan vom

---

38 Europäische Kommission, Aufforderung zur Stellungnahme zu einer Folgenabschätzung, Ref. Ares(2022)175084 – 11/01/2022.

39 https://ec.europa.eu/info/law/better-regulation/have-your-say/initiatives/13150-Nach haltiger-Konsum-von-Gutern-Forderung-von-Reparatur-und-Wiederverwendung/fe edback_de?p_id=31917717.

40 Die Regulierungsoptionen werden teilweise noch unter F. näher besprochen.

41 Kommissionsvorschlag, COM(2023) 155 final.

42 Im Einzelnen werden geändert: VO 2017/2394 vom 12. Dezember 2017 über die Zusammenarbeit zwischen den für die Durchsetzung der Verbraucherschutzgesetze zuständigen nationalen Behörden und zur Aufhebung der Verordnung (EG) Nr. 2006/2004; RL (EU) 2019/771 vom 20. Mai 2019 über bestimmte vertragsrechtliche Aspekte des Warenkaufs, zur Änderung der Verordnung (EU) 2017/2394 und der Richtlinie 2009/22/EG sowie zur Aufhebung der Richtlinie 1999/44/EG (Warenkauf-RL); RL (EU) 2020/1828 vom 25. November 2020 über Verbandsklagen zum Schutz der Kollektivinteressen der Verbraucher und zur Aufhebung der Richtlinie 2009/22/EG (Verbandsklagen-RL).

11.3.2020[43] angesprochenen Ziele erreichen.[44] Verbraucherinnen sollen Waren über die Gewährleistungsfristen hinaus reparieren lassen können.[45] Brauchbare defekte Waren sollen innerhalb aber auch außerhalb der gesetzlichen Garantie vermehrt repariert und wiederverwendet werden.[46] Innerhalb der gesetzlichen Garantie sollen Verkäufer Reparaturen grundsätzlich durchführen müssen, außer sie sind teurer als die Ersatzlieferung.[47] Außerhalb der gesetzlichen Gewährleistungsfrist sollen Verbraucherinnen einen Anspruch gegen die Hersteller auf entgeltliche Reparatur bestimmter Produkte erhalten, für die Anforderungen an die Reparierbarkeit nach dem Unionsrecht gelten (das neue „Recht auf Reparatur" i.e.S.).[48] Zudem sollen sie auf einer Online-Plattform nach Reparaturbetrieben suchen können.[49] Reparaturbetriebe sollen außerdem auf Anfrage einen Kostenvoranschlag zum Preis und zu den Reparaturbedingungen in standardisierter Form erstellen (Europäisches Formular für Reparaturinformationen).[50] Und Hersteller sollen über ihre reparaturbezogenen Verpflichtungen informieren müssen.[51] Dazu tritt die Einführung eines freiwilligen EU-Standards für eine „einfache Reparatur" (europäischer Standard für Reparaturdienstleistungen).[52] Die Kommission erhofft sich ausdrücklich positive Effekte, die für das Handwerk besonders relevant sind: mehr Beschäftigung, Investitionen und Wettbewerb im Reparatursektor.[53] Freilich werden auch Vorteile für Verbraucherinnen und die Umwelt in Aussicht gestellt.[54] Insbesondere sollen unabhängige Reparaturbetriebe profitieren – einschließlich kleinerer und mittlerer Unternehmen.[55] Der Vorschlag ergänzt sowohl die Öko-design-RL[56] (die die Reparierbarkeit von Produkten in der Designphase

---

43 „Ein neuer Aktionsplan für die Kreislaufwirtschaft, Für ein saubereres und wettbewerbsfähigeres Europa", COM (2020) 98 final vom 11.3.2020, 6. Dazu näher oben, A.II.1.

44 Vgl. dazu die Begründung des Kommissionsvorschlags, COM(2023) 155 final, 1 ff.

45 Kommissionsvorschlag, COM(2023) 155 final, 8 f.

46 Kommissionsvorschlag, COM(2023) 155 final, 8 f.

47 Kommissionsvorschlag, COM(2023) 155 final, 8.

48 Kommissionsvorschlag, COM(2023) 155 final, 8.

49 Kommissionsvorschlag, COM(2023) 155 final, 8.

50 Kommissionsvorschlag, COM(2023) 155 final, 8.

51 Kommissionsvorschlag, COM(2023) 155 final, 9.

52 Kommissionsvorschlag, COM(2023) 155 final, 9.

53 Kommissionsvorschlag, COM(2023) 155 final, 9 f.

54 Kommissionsvorschlag, COM(2023) 155 final, 9 f.

55 Kommissionsvorschlag, COM(2023) 155 final, 9.

56 RL 2009/125/EG, ABl. L 285, 10. Vgl. dazu *Wormit*, Europäisches Produktrecht im Zeichen der Ressourceneffizienz, EuZW 2021, 873; zu den geplanten Neuerungen

in Angriff nimmt) bzw. die geplante Ökodesign-VO (Ökodesign-VO-E 2022[57]) als auch die geplante Richtlinie hinsichtlich der Stärkung der Verbraucher für den ökologischen Wandel[58] (die Verbraucher unter anderem vor „Greenwashing" schützen will). Bevor der Kommissionsvorschlag analysiert und bewertet wird, sind einige einführende Worte zu den Untersuchungszielen und Methoden dieser Arbeit veranlasst.

III. Untersuchungsziele und Methode

1. Kritische Begleitung der vorgeschlagenen Neuregelungen aus der Perspektive des Handwerks

Ziel dieser Untersuchung ist es, das geplante „Recht auf Reparatur" in seinem Entwurf durch den Kommissionsvorschlag kritisch-konstruktiv zu analysieren und zu bewerten. Dabei wird auch geprüft, ob durch die Neuerungen bestehende Leistungsangebote von Handwerksunternehmen verändert werden bzw. neue Angebote entstehen können und wer als Reparateur in Betracht kommt. Die Perspektive des Handwerks leitet die Untersuchung auch, soweit es um Optionen geht, die der Kommissionsvorschlag nicht mehr aufnimmt, obwohl sie im Rahmen der Initiative „Nachhaltiger Konsum von Gütern" 2022 als regulative Gestaltungswege zur Debatte standen.[59] Die Handwerksgerechtigkeit wird bei den Analysen immer wieder hervorgehoben. So sollen auch Chancen und Risiken für bestehende oder neue Geschäftsmodelle für Handwerksunternehmen leichter identifizierbar gemacht werden. Zugleich soll Handwerksinstitutionen wie dem Ludwig-Fröhler-Institut für Handwerkswissenschaften ermöglicht werden, den weiteren Rechtssetzungsprozess auf Grundlage rechtlicher Analysen und Argumentationsstrukturen zielgerichtet zu begleiten. Zu untersuchen ist auch, wie sich die (geplanten) europarechtlichen Normen in die nationalstaatliche Rechtsordnung Deutschlands harmonisch einfügen lassen.

---

im Ökodesign-Recht *Wende*, Sustainability by Design? – Nachhaltigkeitsaspekte im europäischen Produktrecht, ZfPC 2022, 165.

57 COM(2022) 142 final. Dazu etwa *Wende*, Sustainability by Design? – Nachhaltigkeitsaspekte im europäischen Produktrecht, ZfPC 2022, 165.

58 COM(2022) 143 final vom 30.3.2022; vgl. *Tonner*, Mehr Nachhaltigkeit im Verbraucherrecht – die Vorschläge der EU-Kommission zur Umsetzung des Aktionsplans für die Kreislaufwirtschaft, VuR 2022, 323 (327 ff.).

59 Vgl. insbesondere unten, F.

2. Das Vertragsrecht im effektiven Regulierungsmix

Das Vertragsrecht bildet den Schwerpunkt der Studie. Allerdings wäre eine Förderung von Reparaturen allein durch vertragsrechtliche Instrumente unzureichend. Vielmehr muss das gesamte rechtliche Instrumentarium – insbesondere auch öffentlich-rechtliche Regelungsmechanismen– eingesetzt werden, um effektive Steuerungseffekte zu erzielen.[60] In welchen Situationen und in welchem Umfang tatsächlich Waren repariert werden, hängt von vielen Aspekten ab, die bei der Produktherstellung beginnen und zu denen individuelle Präferenzen und psychologische Prägungen von Verbraucherinnen ebenso gehören wie zahlreiche Strategien und Entscheidungen von Herstellern, Reparaturbetrieben und vielen weiteren Akteuren.[61] Das Vertragsrecht ist nicht für all diese Aspekte das geeignetste oder effektivste Regulierungsinstrument. Allerdings gehört das Vertragsrecht in seiner konkreten positiv-rechtlichen Ausgestaltung unvermeidbar zu den rechtlichen Rahmenbedingungen, an denen sich zahlreiche reparaturrelevante Entscheidungen, Strategien und Verhaltensweisen orientieren müssen und ausrichten.[62] Das Vertragsrecht kann daher mit passgenauen „nudges"[63] dazu beitragen, dass Reparaturen gestärkt und die Lebensdauer von Produkten erhöht wird.[64] Darin liegt ein Anwendungsbeispiel für das Potenzial

---

60 Vgl. dazu *Arnold*, Verhaltenssteuerung als rechtsethische Aufgabe auch des Privatrechts? (2016), 39 (passim) sowie im Kontext von Reparaturen und Kreislaufwirtschaft etwa *Kieninger*, Recht auf Reparatur („Right to Repair") und Europäisches Vertragsrecht, ZEuP 2020, 264 (271 f.); *Micklitz/Mehnert/Specht-Riemenschneider/Liedtke/Kenning*, Recht auf Reparatur (2022), 46; *Schlacke/Tonner/Gawel*, Nachhaltiger Konsum – integrierte Beiträge von Zivilrecht, öffentlichem Recht und Rechtsökonomie zur Steuerung nachhaltiger Produktnutzung, JZ 2016, 1030.

61 Vgl. dazu noch näher unten, B.

62 Vgl. auch *Kryla-Cudna*, Sales Contracts and the Circular Economy, European Review of Private Law 2020, 1207 sowie *Arnold*, Verhaltenssteuerung als rechtsethische Aufgabe auch des Privatrechts? (2016), 39 (passim).

63 Grundlegend *Sunstein*, Why nudge? The Politics of Libertarian Paternalism, New Haven 2014; im Nachhaltigkeitskontext beispielsweise *Carlsson/Gravert/Johansson-Stenman/Kurz*, The Use of Green Nudges as an Environmental Policy Instrument, 15 Review of Environmental Economics and Policy (2021), 216.

64 Vgl. auch *Halfmeier*, Nachhaltiges Privatrecht, AcP 216 (2016), 717 (737 ff.); *Hellgardt*, Nachhaltigkeitsziele und Privatrecht, AcP 222 (2022), 163 (181 ff.); instruktiv auch die Überlegungen zur nachhaltigkeitsorientierten Neugestaltung des Verbraucherrechts bei *Micklitz*, Squaring the Circle? Reconciling Consumer Law and the Circular Economy, EuCML 2019, 229.

des Privatrechts, übergeordnete Gemeinwohlbelange wie die Nachhaltigkeit zu fördern.[65]

3. Recht, Politik und Verhaltenssteuerung

Diese Studie nimmt das Potenzial des Rechts in den Blick, durch Verhaltenssteuerung konkrete politische Handlungsziele zu verwirklichen.[66] Sie beruht insofern auf der grundlegenden Annahme, dass das Recht einen entscheidenden, wenn auch freilich nicht den einzigen Orientierungspunkt bildet, an dem wir Menschen unser Verhalten ausrichten.[67] Aus dieser Annahme folgt, dass Recht auch eingesetzt werden kann, um das Verhalten von Menschen in bestimmte Richtungen zu lenken, die aus politischen Gründen wünschenswert erscheinen.[68] Dass rechtliche Rahmenbedingungen Reparaturen entscheidend fördern können, liegt auf der Hand. So zeigt etwa das Beispiel der Reparaturgesetzgebung im US-Bundesstaat Massuchusetts, wo seit 2013 Automobilhersteller verpflichtet sind, Automobilbesitzern und unabhängigen Reparaturwerkstätten die gleichen Diagnose- und Reparaturinformationen zur Verfügung zu stellen (einschließlich technischer Updates) wie den Händlern im eigenen Reparaturvertrieb. Die Folge waren über Massachusetts hinausreichende reparaturfreundliche Änderungen in der Praxis von Automobilreparaturen.[69] Natürlich ist es stets eine empirische Frage, ob die intendierten Steuerungseffekte von Rechtsänderungen faktisch eintreten.[70] Die konkreten faktischen Auswirkungen des Rechts auf das Verhalten von Menschen und damit auch die Effekte, die sich durch Regeländerungen oder neue Regeln erzielen lassen, sind prinzipiell durch die Beobachtung tatsächlicher Vorgänge in der Welt feststellbar. Freilich ist die Ermittlung dieser Effekte nicht einfach und zudem

---

65 *Arnold*, Gemeinwohltopoi im Privatrecht (2020), 451; vgl. zu Nachhaltigkeitszielen auch *Schirmer*, Nachhaltigkeit in den Privatrechten Europas, ZEuP 2021, 35; *Kryla-Cudna*, Sales Contracts and the Circular Economy, European Review of Private Law 2020, 1207.

66 Dazu *Arnold*, Verhaltenssteuerung als rechtsethische Aufgabe auch des Privatrechts? (2016), 39.

67 *Arnold*, Verhaltenssteuerung als rechtsethische Aufgabe auch des Privatrechts? (2016), 39.

68 *Arnold*, Vertrag und Verteilung (2014), 158 ff., 280 f und 351 ff.

69 *Perzanowski/Hoofnagle/Kesari*, The Tethered Economy, 87 (4) The George Washington Law Review 2019, 783; vgl. auch *Specht-Riemenschneider/Mehnert*, Updates und das „Recht auf Reparatur", ZfDR 2022, 313 (318 f.).

70 *Arnold*, Vertrag und Verteilung (2014), 116, 170 und 272 ff.

erst möglich, wenn die Rechtsregeln bereits bestehen oder zumindest angekündigt worden sind. Recht, das nicht in Kraft gesetzt und noch nicht
angekündigt ist, gehört naturgemäß nicht zu den Orientierungspunkten für
unser Verhalten. Daher lässt sich der Eintritt intendierter Steuerungseffekte
grundsätzlich nur *ex post* durch die Beobachtung der Welt verifizieren oder
falsifizieren, so dass Aussagen über sie noch *vor* der Einführung neuer
Regeln oder vor der Änderung des bestehenden Rechts notwendiger Weise
unsicher und in gewisser Weise riskant sind.[71] Ihre Plausibilität kann sich
aus empirischen Studien zu nachgewiesenen Effekten ergeben, doch fehlt es
oft an belastbaren Studien. Das vorhandene Studienmaterial bietet außerdem häufig nur eine unsichere Grundlage für Schlüsse auf die faktischen
zukünftigen Effekte von konkreten Rechtsänderungen. So liegt es auch hier.
Zwar existieren etliche empirische Studien, die sich aus den Perspektiven
verschiedener Wissenschaftsdisziplinen mit Reparaturen beschäftigen und
die gewisse Rückschlüsse auf wahrscheinliche Resultate erlauben.[72] Sichere Vorhersagen lassen diese Studien jedoch nicht zu, schon deshalb, weil
die Studiendesigns unterschiedlich sind, entscheidende Voraussetzungen
oder Annahmen von Wirklichkeitsbedingungen abweichen und sich relevante Parameter in Zukunft verändern können. Aus alledem folgt jedoch
keineswegs, dass sich die Rechtswissenschaft aus der *ex-ante*-Perspektive
zurückziehen, das regulative Potenzial des Rechts ignorieren und seine
verhaltenssteuernden Effekte ausblenden sollte.[73] Denn dann würde die
Rechtswissenschaft auf die Chance verzichten, ihre Expertise gewinnbringend auch dazu einzusetzen, rechtliche Rahmenbedingungen nach dem

---

71 Vgl. erneut *Arnold*, Vertrag und Verteilung (2014), 116, 170 und 272 ff.
72 Beispielsweise *Fachbach/Lechner/Reimann*, Drivers of the consumers' intention to
    use repair services, repair networks and to self-repair, Journal of Cleaner Production
    2022, 130969; *Hoglund/Richter/Maitre-Ekern/Russell/Pihlajarinne/Dalhammar*, Bar-
    riers, enablers and market governance: A review of the policy landscape for repair
    of consumer electronics in the EU and the U.S., Journal of Cleaner Production 2021,
    125488; *Magnier/Mugge*, Replaced too soon? An exploration of Western European
    consumers' replacement of electronic products, Resources, Conservation & Recycling
    2022, 106448; *Spinney/Burningham/Cooper/Green/Uzzell*, „What I've found is that
    your related experiences tend to make you dissatisfied": Psychological obsolescence,
    consumer demand and the dynamics and environmental implications of de-stabiliza-
    tion in the laptopsector, 12 Journal of Consumer Culture 2012, 347; *Keimeyer/Gailho-
    fer/Gsell/Graulich/Prakash/Scherf*, Weiterentwicklung von Strategien gegen Obsoles-
    zenz einschließlich rechtlicher Instrumente, 2020.
73 *Arnold*, Verhaltenssteuerung als rechtsethische Aufgabe auch des Privatrechts? (2016),
    39.

Maßstab spezifischer Ziele zu verbessern – wie etwa der Förderung einer kreislauforientierten Wirtschaft durch die Förderung von Reparaturen und die Verlängerung der Lebensdauer von Produkten. Dabei sind Plausibilitätserwägungen über faktische Auswirkungen unvermeidbar. Das schmälert den potenziellen Beitrag rechtswissenschaftlicher Untersuchungen indes nicht – denn auch andere Akteure des Rechts und der Rechtspolitik sind oft auf Plausibilitätserwägungen angewiesen. Dazu kommt, dass auch Richterinnen bei der täglichen dogmatischen Arbeit, wenn sie das Recht *ex post* anwenden, mit Argumenten der Plausibilität hantieren müssen – beispielsweise, wenn es um die ergänzende Auslegung eines Vertrages geht, bei der der hypothetische Wille der Parteien in Bezug auf einen im Vertrag ungeregelten Fall ermittelt wird. Natürlich müssen solche Plausibilitätserwägungen zum einen rational und nachvollziehbar begründet werden und können zum anderen durch überzeugende Gegenerwägungen widerlegt oder „gestochen" werden. Zudem müssen die notwendigen Konsequenzen gezogen werden, wenn zunächst plausible Annahmen über zukünftige faktische Ereignisse falsifiziert werden. Dann gilt es, erneut über mögliche Neuausrichtungen des Rechts und geeignete Steuerungsmechanismen nachzudenken, um Fehlentwicklungen zu korrigieren. Das entspricht der dynamischen Natur des Rechts, das nie statisch verharrt, sondern permanent im Fluss ist.[74] Nur dadurch behält es angesichts der sich manchmal rasch wandelnden jeweiligen ökonomischen, sozialen und politischen Rahmenbedingungen seine Ordnungsfunktion.[75] Diese Untersuchung nimmt vor diesem Hintergrund nicht für sich in Anspruch, die Geeignetheit und Effektivität des Kommissionsvorschlags abschließend bewerten und die besten Regulierungswege zur Förderung von Reparaturen ein für allemal sicher aufzeigen zu können. Vielmehr versteht sie sich viel bescheidener als Diskussionsbeitrag in einem immer weiter fortschreitenden Prozess der Suche nach der bestmöglichen Regulierung zur Erreichung spezifischer Nachhaltigkeitsziele.

Bei alledem hat diese Untersuchung unvermeidbar auch einen rechtspolitischen Charakter, schon deshalb, weil sie sich spezifischen Regulierungszielen und Umsetzungsmöglichkeiten mit besonderem Fokus auf die Perspektive des Handwerks widmet – einer Akteursgruppe innerhalb der Gesellschaft, die nicht ausschließlich Gemeinwohlziele oder Gerechtigkeit

---

74 *Arnold*, Vertrag und Verteilung (2014), 179 f.
75 *Arnold*, Bürgerliches Recht und Rechtsphilosophie (2016), 16 ff.

verfolgt, sondern auch spezifische Gruppeninteressen. Damit verlässt die Untersuchung indes keineswegs die Grenzen des Rechts und des juristischen Diskurses – schon deshalb, weil Recht und Politik ohnehin aufs engste verwoben sind.[76] Zudem legt die Untersuchung nicht etwa selbst die politischen Ziele fest, die durch Rechtsreform erreicht werden sollen. Vielmehr orientiert sie sich eng an den von der Kommission formulierten Regulierungszielen, folgt also insoweit dem Primat der Politik.[77] Geradezu selbstverständlich ist, dass diese Untersuchung der Wissenschaftlichkeit, Objektivität und Neutralität verpflichtet bleibt. Dazu gehört, dass sie ihren besonderen Fokus auf die Perspektive des Handwerks transparent macht. Freilich ist beim „Recht auf Reparatur" die Perspektive des Handwerks ohnehin entscheidend: Ohne das Handwerk wäre ein „Recht auf Reparatur" – in welcher Ausgestaltung auch immer – ohne praktische Wirkung. Das Handwerk bildet eine herausragende Akteursgruppe, die Reparaturen in der Praxis durchführen und das Förderanliegen der Kommission mit Leben füllen kann. Das Handwerk verfügt über die technische, ökonomische und ökologische Expertise sowie die nötigen Ressourcen, um effiziente und nachhaltige Reparaturen zu ermöglichen.

---

76 Dazu eingehend *Arnold*, Privatautonomie, Vertrag und Gleichheit – Das Privatrecht in seiner politischen Dimension (2023), 559.

77 Vgl. *Arnold*, Verhaltenssteuerung als rechtsethische Aufgabe auch des Privatrechts? (2016), 39 (57).

29

B. Frühzeitige Obsoleszenz als praktische Hürde für das „Recht auf Reparatur"

I. Frühzeitige Obsoleszenz als Hindernis für das „Recht auf Reparatur"

Reparaturen können nur dann effektiv gefördert werden, wenn die Grenzen und Hindernisse erkannt sind, die Reparaturen in der Praxis entgegenstehen. Sie erschließen sich durch einen Blick auf das Phänomen der frühzeitigen Obsoleszenz. Mit frühzeitiger Obsoleszenz sind im Folgenden alle Praktiken umschrieben, die die Lebensdauer von Produkten so reduzieren, dass sie ihre optimale Lebensspanne (aus einer nachhaltigkeitsbezogenen Perspektive) nicht erreichen, ohne dass diese Reduktion das Resultat gewöhnlichen Verschleißes ist.[78] Frühzeitige Obsoleszenz gefährdet die von der Kommission gesetzten Nachhaltigkeitsziele. Um das Phänomen besser zu verstehen, müssen die verschiedenen Entwicklungs- und Lebensphasen von Produkten in den Blick genommen werden:[79] Die Design- und Herstellungsphase ist von der Erwerbsphase, der Nutzungsphase und der Entsorgungs- bzw. Recyclingphase zu unterscheiden. Für Reparaturen ist schon die Design- und Herstellungsphase von Produkten höchst bedeutsam. In dieser Phase entscheidet sich nicht nur, wie langlebig die Produkte in funktioneller Hinsicht sein werden, sondern auch, ob und mit welchem Aufwand ihre Reparatur möglich ist. Doch auch die Erwerbsphase ist relevant, vor allem, weil in dieser Phase Verbraucherentscheidungen zugunsten oder zuungunsten langlebiger und leicht reparierbarer Produkte erfolgen. In der Nutzungsphase geht es neben Nutzung, Verbrauch und Wartung natürlich im Schwerpunkt um die Reparatur von Waren.

1. Einführung in das Phänomen der frühzeitigen Obsoleszenz

Die Lebensdauer vieler Produkte ist oft weniger lang, als es aus Nachhaltigkeitsgründen ideal wäre. Im Einzelnen ist die ideale Lebensdauer freilich

---

78 *Michel,* Premature Obsolescence (2022), 51 f.
79 Eingehend *Michel,* Premature Obsolescence (2022), 48-50.

schwer zu ermitteln.[80] Die Nachhaltigkeitsforschung hat jedoch eindrucks-voll gezeigt, dass eine deutliche Verlängerung der Nutzungsphase selbst bei energieintensiven Geräten grundsätzlich erstrebenswert ist.[81] Das Phänomen frühzeitiger Obsoleszenz ist seit längerer Zeit bekannt. Berühmt ist das Vorgehen des 1924 gegründeten Phoebuskartells, das schon in der ersten Hälfte des 19. Jahrhunderts herstellerübergreifend die Lebensdauer von Glühbirnen von 2500 auf 1000 Betriebsstunden herabsenkte, um dem gesättigten Markt neue Umsatzchancen abzugewinnen.[82] Auch aus der Automobilindustrie sind ähnliche Unternehmensstrategien schon aus den 1920er Jahren bekannt.[83] Von vielen Ökonomen wurden solche Strategien lange als effiziente Maßnahmen der Wirtschaftsförderung begrüßt.[84] Erst seit etwa 50 Jahren wird die frühzeitige Obsoleszenz unter Nachhaltigkeits-gesichtspunkten mit negativen Vorzeichen diskutiert[85] und spielt seit den 1990er Jahren in der Idee einer nachhaltigen Kreislaufwirtschaft[86] eine entscheidende Rolle.[87]

2. „Geplante" Obsoleszenz als problematischer Begriff

Oft ist in der Diskussion von „geplanter" Obsoleszenz die Rede.[88] Diese Rede legt nahe, dass Obsoleszenz das Resultat planmäßigen, absichtsvol-

---

80 *Alejandre/Akizu-Gardoki/Lizundia,* Optimum operational lifespan of household ap-pliances considering manufacturing and use stage improvements via life cycle assess-ment, 32 Sustainable Production and Consumption 2022, 52; *Bovea/Ibáñez-Forés/ Pérez-Belis,* Repair vs. replacement: what is the best alternative for household small electric and electronic equipment?, in: Bakker u.a. (Hrsg.), Plate Product Lifetimes And The Environment, Conferene Proceedings, Amsterdam (2017), 51.

81 *Bakker/Wang/Huisman/den Hollander,* Products that go round: exploring product life extension through design, 69 Journal of Cleaner Production 2014, 10 (mit konkre-ten Berechnungen zu Kühlschränken und Laptops).

82 *Bisschop/Hendlin/Jaspers,* Designed to break: planned obsolescence as corporate en-vironmental crime, 78 Crime, Law and Social Change (2022), 271; *Michel,* Premature Obsolescence (2022), 22.

83 *Michel,* Premature Obsolescence (2022), 22.

84 *Michel,* Premature Obsolescence (2022), 23.

85 So beispielsweise von der OECD: *OECD,* Product Durability and Product Life Exten-sion: Their Contribution to Solid Waste Management (1982).

86 Zum Begriff der Kreislaufwirtschaft im Kontext des Kaufrechts *Kryla-Cudna,* Sales Contracts and the Circular Economy, European Review of Private Law 2020, 1207.

87 Bis heute einflussreich ist *McDonough/Braungart,* Cradle to Cradle: Remaking the Way We Make the Things (2002).

88 Vgl. *Michel,* Premature Obsolescence (2022), 27 mit ausführlichen Nachweisen.

len Vorgehens von Herstellern ist, die die Lebensdauer von Produkten in künstlicher Weise bewusst verkürzen, um Umsatzzyklen auf Kosten von Verbraucherinnen und Umwelt zu erhöhen.[89] Entsprechende Strategien können *prima facie* betriebswirtschaftlich klug sein. Denn wenn Unternehmen ihren Umsatz nicht mehr durch Preiserhöhungen oder Erschließung neuer Absatzmärkte erhöhen können, lohnen sich kürzere Produktlebenszyklen.[90] Viele Verbraucherinnen sind davon überzeugt, dass die planmäßige Verkürzung der Produktlebensdauer zu den Strategien gehört, die Unternehmen bewusst einsetzen.[91] Private Reparaturinitiativen oder Umweltschutzorganisationen wenden sich gegen solche Strategien, während sich Hersteller gegen die Vorwürfe wehren und teils auch selbst Initiativen gegen geplante Obsoleszenz entwickeln.[92] Der Fokus auf „geplante Obsoleszenz" ist problematisch. Der Begriff lenkt die Diskussion auf Fälle, in denen bewusste Unternehmens- oder Kartellstrategien – wie beim Phoebuskartell – die Lebensdauer von Produkten verkürzen, um eine Umsatzerhöhung zu erreichen. Solche Strategien sind vor dem Hintergrund, dass selbst bei Produkten mit vergleichsweise hohem Energieverbrauch ein längerer Produktlebenszyklus häufig nachhaltiger ist,[93] nachhaltigkeitsschädlich und sollten möglicherweise sogar mit strafrechtlichem Instrumentarium bekämpft werden.[94] Zudem ist eine verschärfte zivilrechtliche Haftung in derartigen Fällen denkbar.[95] Allerdings lassen sich entsprechende Unternehmensstrategien oder bewusstes Vorgehen auf Herstellerseite meist nicht sicher nach-

---

89 Zum entsprechenden Phänomen in strafrechtlicher Perspektive *Bisschop/Hendlin/Jaspers,* Designed to break: planned obsolescence as corporate environmental crime, 78 Crime, Law and Social Change (2022), 271.

90 Vgl. *Michel*, Premature Obsolescence (2022), 2.

91 Vgl. *Michel*, Premature Obsolescence (2022), 31 mit Nachweis zahlreicher Studien, die diesen Eindruck belegen.

92 Vgl. *Michel*, Premature Obsolescence (2022), 32 ff.

93 *Bakker/Wang/Huisman/den Hollander,* Products that go round: exploring product life extension through design, 69 Journal of Cleaner Production 2014, 10; *Ökoinstitut,* FAQ Langlebigkeit von Elektrogeräten im Haushalt, 2016, https://www.oeko.de/fileadmin/oekodoc/FAQ-Langlebigkeit-elektronische-Produkte.pdf, 6-10; Bericht des European Environmental Bureau, Cool products don't cost the earth, https://eeb.org/wp-content/uploads/2019/09/Coolproducts-report.pdf, 2019.

94 Dafür nachrücklich *Bisschop/Hendlin/Jaspers,* Designed to break: planned obsolescence as corporate environmental crime, 78 Crime, Law and Social Change (2022), 271. Vgl. auch unten, G.VII.

95 Vgl. *Atamer*, Nachhaltigkeit und die Rolle des Kaufrechts: Eine rechtsvergleichende Übersicht zu den Regulierungsmöglichkeiten, ZSR 2022, 285 (308 f.).

weisen.[96] Zudem versperrt der Fokus auf bewusste Unternehmensstrategien, die freilich vorkommen mögen,[97] den Blick auf das Gesamtproblem, das deutlich weiter reicht.[98] Beispielsweise hat die Forschung klar aufgezeigt, dass auch das Konsumverhalten der Menschen für die oft verkürzte Lebensdauer von Produkten eine entscheidende Rolle spielt.[99] Sehr oft ersetzen Verbraucherinnen Produkte, obwohl sie noch funktionsfähig sind. Die Gründe dafür sind vielschichtig, sie können beispielsweise in technischen Neuerungen, Abnutzungserscheinungen, verbesserter Bedienbarkeit neuerer Waren oder gewandelten Präferenzen der Menschen liegen.[100] Die entscheidende Rolle des menschlichen Konsumverhaltens gerät leicht aus den Blick, wenn „geplante Obsoleszenz" in den Mittelpunkt der Diskussion gerückt wird. Auch kann die Debatte dadurch unnötig radikalisiert und emotionalisiert werden.[101]

3. „Frühzeitige Obsoleszenz" als sachgerechter Begriff

Michel schlägt vor diesem Hintergrund die Verwendung der neutraleren und das Sachproblem adäquater beschreibenden Worte „frühzeitige Obsoleszenz" („*premature obsolescence*") vor, die auch das EU-finanzierte PROMPT-Projekt[102] verwendet.[103] Wie bereits erwähnt, lassen sich unter „frühzeitiger Obsoleszenz" alle Praktiken verstehen, die die Lebensdauer von Produkten so reduzieren, dass sie ihre optimale Lebensspanne (aus einer nachhaltigkeitsbezogenen Perspektive) nicht erreichen, ohne dass diese Reduktion das Resultat gewöhnlichen Verschleißes ist.[104] Dabei ist

---

96 *Michel*, Premature Obsolescence (2022), 44.

97 *Bisschop/Hendlin/Jaspers,* Designed to break: planned obsolescence as corporate environmental crime, 78 Crime, Law and Social Change (2022), 271.

98 Das lässt sich paradigmatisch am Beitrag von *Klindt*, Kaufst Du noch oder reparierst Du schon? Kritisches zum geplanten „Recht auf Reparatur", BB 2022, Heft 6 Umschlagteil I erkennen, der die Obsoleszenzproblematik unter anderem damit abtut, dass er geplante Obsoleszenz für einen „Mythos" hält.

99 *Michel*, Premature Obsolescence (2022), 28 f. Näher dazu auch noch unten, B.III.

100 Beispielsweise *Harrell/McConocha*, Personal Factors Related to Consumer Product Disposal Tendencies, 26 Journal of Consumer Affairs (1992) 397; *van Nes/Cramer*, Product Lifetime Optimization: a Challenging Strategy Towards More Sustainable Consumption Patterns, 14 Journal of Cleaner Production (2006), 1307.

101 *Michel*, Premature Obsolescence (2022), 43 f.

102 https://prompt-project.eu/.

103 *Michel*, Premature Obsolescence (2022), 47 ff.

104 *Michel*, Premature Obsolescence (2022), 51 f.

prinzipiell irrelevant, ob dahinter bewusste strategische Unternehmensentscheidungen stehen oder nicht.

II. Haupttypen frühzeitiger Obsoleszenz

Mit *Michel* lassen sich grundsätzlich fünf Haupttypen frühzeitiger Obsoleszenz unterscheiden, die sich teilweise überlappen und miteinander verbunden sind.[105] *Michel* schließt dabei im Wesentlichen an die vom Bundesumweltamt in einer Studie zu den Obsoleszenzgründen gefundenen Kategorien an.[106] Die Studie des Bundesumweltamts befasste sich mit Haushaltsgroßgeräten (beispielsweise Kühlschränken, Waschmaschinen oder Elektroherden), Haushaltskleingeräten (wie Wasserkocher), Informations- und Kommunikationstechnik (etwa Notebooks und Smartphones) und Unterhaltungselektronik (wie Fernseher). Die Studie unterschied vier Kategorien: werkstoffliche Obsoleszenz, funktionale Obsoleszenz, psychologische Obsoleszenz und ökonomische Obsoleszenz.[107] *Michel* schließt an diese Kategorien an, ergänzt sie allerdings um eine fünfte Kategorie, nämlich der indirekten Obsoleszenz, bei der die Umgebungsbedingungen von Produkten ausschlaggebend sind. Die Kategorien sind nicht als gegenseitig ausschließend zu verstehen, sondern stehen in einem oft komplexen Wechselspiel und ergänzen und beeinflussen sich gegenseitig.[108]

---

105 *Michel*, Premature Obsolescence (2022), 51 ff.
106 *Prakash/Dehoust/Gsell/Schleicher/Stamminger*, Einfluss der Nutzungsdauer von Produkten auf ihre Umweltwirkung: Schaffung einer Informationsgrundlage und Entwicklung von Strategien gegen „Obsoleszenz" (2016), 26 f..
107 *Prakash/Dehoust/Gsell/Schleicher/Stamminger*, Einfluss der Nutzungsdauer von Produkten auf ihre Umweltwirkung: Schaffung einer Informationsgrundlage und Entwicklung von Strategien gegen „Obsoleszenz" (2016)..
108 *Michel*, Premature Obsolescence (2022), 52; *Prakash/Dehoust/Gsell/Schleicher/ Stamminger*, Einfluss der Nutzungsdauer von Produkten auf ihre Umweltwirkung: Schaffung einer Informationsgrundlage und Entwicklung von Strategien gegen „Obsoleszenz" (2016), 26 f.

1. Werkstoffliche Obsoleszenz

Bei werkstofflicher Obsoleszenz können Produkte wegen eines Fehlers eines ihrer Teile oder Komponenten nicht mehr benutzt werden.[109] So lag es etwa bei den vom Phoebuskartell eingeführten zerbrechlicheren Glühbirnen, die schneller ausbrannten.[110] Denkbar ist auch, dass Produkte so zusammengebaut werden, dass ein Defekt eines Teils das gesamte Produkt „zu Fall" bringt, weil es nicht ausgebaut werden kann, ohne dass das Gesamtprodukt zerstört wird. Ein bekanntes Beispiel bieten Smartphone-Akkus, die mit besonderen Schrauben oder Starkklebern fest mit dem Gerät verbunden sind.[111] Hier zeigt sich, dass das Recht auf Reparatur durch reparaturfeindliches Produktdesign von vornherein ausgehöhlt sein kann. Innovativität, Einfachheit oder auch eine bestimmte Ästhetik im Produktdesign kann die Reparierbarkeit von Produkten erschweren oder gar unmöglich machen.[112] So waren und sind teilweise bei Apple-Produkten Tastaturen oder auch die RAM-Einheit direkt an das Gehäuse oder an weitere Produktkomponenten festgeklebt, so dass die Geräte nahezu unmöglich zu öffnen sind, ohne das Gerät zu beschädigen.[113] Auch komplexe oder schwer zugängliche Schraubsysteme können ähnliche Effekte mit sich bringen.[114] Selbst bei scheinbar einfachen Produkten wie etwa Schuhen kann die Reparatur unmöglich sein.[115] Für Handwerksbetriebe ist werkstoffliche Obsoleszenz besonders nachteilig, denn sie können ihre fachlichen Stärken bei Reparaturen nicht ausspielen, wenn die Reparatur unmöglich ist.

2. Funktionelle Obsoleszenz

Bei funktioneller Obsoleszenz werden Produkte – obwohl technisch funktionsfähig – unbrauchbar, weil neue Produkte mit zusätzlichen oder verbes-

---

109 *Prakash u.a.*, Einfluss der Nutzungsdauer von Produkten auf ihre Umweltwirkung: Schaffung einer Informationsgrundlage und Entwicklung von Strategien gegen „Obsoleszenz" (2016), 64 und 138 ff.
110 *Michel*, Premature Obsolescence (2022), 54.
111 *Michel*, Premature Obsolescence (2022), 55.
112 *Perzanowski*, The Right To Repair (2022), 72 ff.
113 *Micklitz/Mehnert/Specht-Riemenschneider/Liedtke/Kenning*, Recht auf Reparatur (2022), 38.
114 *Micklitz/Mehnert/Specht-Riemenschneider/Liedtke/Kenning*, Recht auf Reparatur (2022), 38.
115 https://www.vzbv.de/pressemitteilungen/wegwerfschuhe-ein-problem-fuer-verbrau cherinnen-und-umwelt.

serten Funktionen eingeführt werden.[116] Dahinter stehen die oft rasanten Fortschritte im Bereich der Digitalisierung und die zunehmende digitale Vernetzung von Produkten (Internet of Things).[117] Technische Innovationen, aber auch Neuauflagen ohne entscheidenden funktionalen Mehrwert könnten selbst bei hoch funktionalen Waren zu frühzeitiger Obsoleszenz führen.[118] Ein einfaches und wichtiges Beispiel ist die Einführung neuer Betriebssysteme bei Smartphones, die von Altgeräten nicht mehr oder nur unter erheblichen Geschwindigkeitseinbußen bewältigt werden können.[119] Es kann auch genügen, dass für ältere Betriebssysteme keine Updates mehr zur Verfügung gestellt werden, was erhebliche Sicherheitseinbußen zur Konsequenz hat.[120] Ähnliches gilt im Fall von Software-Updates, wenn die Altgeräte mit den neuen Versionen nicht mehr kompatibel sind oder sie nur unter erheblichem Leistungsverlust verwenden können.[121] Beispielsweise könnten Millionen von Computern entsorgt werden müssen, weil sie nicht auf Windows 11 upgedatet werden können und im Oktober 2025 die Versorgung von Windows 10 mit Sicherheitsupdates ausläuft.[122] Das Handwerk kann in solchen Situationen seinen potenziellen Beitrag für eine nachhaltige Kreislaufwirtschaft selbst bei Produkten nicht leisten, die für sich genommen repariert werden könnten. Der Verbraucherzentrale Bundesverband identifiziert dementsprechend gerade die fehlende Verfügbarkeit von Updates bei technischen Geräten als Hauptgrund für an sich unnötige Neuanschaffungen.[123] Vor diesem Hintergrund sollten die im europäischen Ökodesign-Recht vorgesehenen Verfügbarkeitszeiträume für Sicherheits-Updates und Updates von Betriebssystemen (bei Mobiltelefo-

---

116 *Michel*, Premature Obsolescence (2022), 56 f.
117 Dazu instruktiv *Perzanowski/Hoofnagle/Kesari*, The Tethered Economy, 87 (4) The George Washington Law Review 2019, 783.
118 Näher *Micklitz/Mehnert/Specht-Riemenschneider/Liedtke/Kenning*, Recht auf Reparatur (2022), 15 f.
119 *Michel*, Premature Obsolescence (2022), 56; *Specht-Riemenschneider/Mehnert*, Updates und das „Recht auf Reparatur", ZfDR 2022, 313.
120 Vgl. *Michel*, Premature Obsolescence (2022), 58.
121 *Michel*, Premature Obsolescence (2022), 57; *Micklitz/Mehnert/Specht-Riemenschneider/Liedtke/Kenning*, Recht auf Reparatur (2022), 42 f.; *Specht-Riemenschneider/Mehnert*, Updates und das „Recht auf Reparatur", ZfDR 2022, 313.
122 https://pirg.org/articles/can-you-upgrade-to-windows-11-millions-cant-and-it-coul d-cause-an-environmental-disaster/.
123 *Verbraucherzentrale Bundesverband*, Stellungnahme 2023, 7.

nen, Smartphones und Tablets) auch zur Konkretisierung der zivilrechtlich geschuldeten Aktualisierungszeiträume herangezogen werden.[124]

Auch im Softwaredesign liegen zentrale Hürden für Reparaturen: Selbst bei einfachen Haushaltsgeräten wie Toastern sind Software Codes etwa für die Fehlerdiagnose, Wiederherstellungsfunktionen oder auch die Installation von Ersatzteilen zentral.[125] Wenn solche Codes von der Herstellerin mit „Digital Rights Management" (DRM)-Technologien geschützt sind, sind Zugang und Reparatur nur für autorisierte Personen möglich.[126] Darin und auch in ähnlichen Hürden wie Apples „activation log"[127] liegen für Besitzer und unabhängige Reparaturbetriebe aus dem Handwerk hohe Rechtsrisiken und zugleich faktische Zugangshürden, die es jedenfalls ihnen unmöglich machen oder zumindest massiv erschweren können, Reparaturen vorzunehmen.[128]

In vielen Situationen wird die faktische Lebensdauer von Produkten weder von der werkstofflichen noch von der funktionellen Lebensdauer bestimmt. Vielmehr werden Produkte auch aus ganz anderen Gründen aussortiert, nicht mehr verwendet oder ersetzt – beispielsweise aus ästhetischen Gründen, wegen innovativer Funktionen neuerer Produkte, weil technische Neuerungen erfolgt sind oder weil neue Produkte sicherer, sparsamer oder auch umweltfreundlicher sind. Dabei geht es oft um elektronische Produkte wie Fernseher, Laptops, Smartphones oder Fitnessuhren.[129] Das führt zu den weiteren Obsoleszenzkategorien der indirekten, ökonomischen und psychologischen Obsoleszenz.

3. Indirekte Obsoleszenz

Die Kategorie der indirekten Obsoleszenz ist für das „Recht auf Reparatur" besonders relevant. Dabei geht es um Obsoleszenzgründe, die nicht

---

124 *Micklitz/Mehnert/Specht-Riemenschneider/Liedtke/Kenning,* Recht auf Reparatur (2022), 43; *Specht-Riemenschneider/Mehnert,* Updates und das „Recht auf Reparatur", ZfDR 2022, 313.

125 Eingehend *Perzanowski,* The Right To Repair (2022), 86 ff.

126 *Perzanowski,* The Right To Repair (2022), 88.

127 Der „activation lock" verhindert, dass neue Besitzer auf das Telefon ohne das iCloud-Passwort des ursprünglichen Benutzers zugreifen können, vgl. *Perzanowski,* The Right To Repair (2022), 88.

128 *Perzanowski,* The Right To Repair (2022), 86 ff.

129 *Perzanowski,* The Right To Repair (2022), 19.

in den Produkten selbst liegen, sondern in ihrer Umgebung.[130] Produkte, die an sich noch funktionsfähig sind, werden durch produktexterne Faktoren dysfunktional oder irreparabel. Beispielsweise können Verbrauchsgegenstände, die für den Betrieb von Produkten notwendig sind (wie Druckerpatronen oder Batterien), nicht mehr verfügbar sein.[131] Ähnliches gilt, wenn Zubehörteile (wie Ladegeräte von Smartphones) inkompatibel oder unverfügbar werden.[132] In sog. „geschlossenen" Systemen sind mit dem Kauf eines Produkts (beispielsweise eines iPhones) Folgekäufe innerhalb des Systems angelegt (beispielsweise der Kauf passender Ladekabel oder Adapter für ein iPhone). In solchen Systemen ist bei irreparablen Defekten nur eines Elements im System eine Vielzahl von Waren zu ersetzen.[133] Das Handwerk kann in solchen Situationen seine Reparaturexpertise nicht gewinnbringend einsetzen. In die Kategorie der indirekten Obsoleszenz lässt sich auch eine für das „Recht auf Reparatur" vitale Fallgruppe einordnen: Das Fehlen von Ersatzteilen, die für eine ordnungsgemäße Reparatur von Produkten erforderlich sind.[134] Ersatzteile lassen sich – wie beispielsweise die Vergabekriterien für das Umweltzeichen „Der blaue Engel" für Computer und Tastaturen festlegen – als „funktionsgleiche oder kompatible und in ihrer Funktion verbesserte Komponenten oder Baugruppen" verstehen, die im Laufe der Nutzungsphase von Produkten als Ersatz für defekte Teile eingewechselt werden.[135] Die Zugänglichkeit und Verfügbarkeit von Ersatzteilen zur Reparatur sind essenziell, um eine optimale Lebensdauer von Produkten zu erreichen. Handwerksbetriebe sind auf die Verfügbarkeit angewiesen, um Reparaturen durchführen zu können. Ersatzteilen kommt also sowohl mit Blick auf das Phänomen der frühzeitigen Obsoleszenz als auch gerade für die Möglichkeit von Reparaturen und damit das „Recht auf Reparatur" eine Schlüsselrolle zu. Wenn Hersteller Original-Ersatzteile nur autorisierten Reparaturbetrieben zur Verfügung stellen, können unab-

---

130 *Michel*, Premature Obsolescence (2022), 58 f.
131 *Michel*, Premature Obsolescence (2022), 59.
132 *Michel*, Premature Obsolescence (2022), 59.
133 Näher *Micklitz/Mehnert/Specht-Riemenschneider/Liedtke/Kenning*, Recht auf Reparatur (2022), 14 f.
134 *Michel*, Premature Obsolescence (2022), 59 f.; *Mehnert*, Reparaturen für alle? – Rechtliche Perspektiven des „Right to repair", ZRP 2023, 9 (10 f.).
135 *Blauer Engel*, Das Umweltzeichen, Vergabekriterien für Computer und Tastaturen, DE-ZU 78, Ausgabe Januar 2017, Version 5, https://produktinfo.blau-er-engel.de/uploads/criteriafile/de/DE-UZ%20078-201701-de-Kriterien-V5.pdf; vgl. *Knipp*, Ersatzteilversorgung im technischen Kundendienst (1985), 34..

hängige Reparaturbetriebe – häufig Handwerksbetriebe – gezwungen sein, auf nicht autorisierte Ersatzteile zurückzugreifen, was mit dem Verlust von Garantien und potenziell auch einer schlechteren Reparaturqualität einhergehen kann.[136] Denkbar ist zudem, dass Geräte mit Software ausgestattet sind, die erkennt, wenn Nicht-Original-Ersatzteile eingebaut werden und in der Konsequenz die Benutzung des Produkts verhindert. Hersteller verteidigen solche Strategien vor allem mit dem Argument, dass sie andernfalls Herstellergarantien für Produkte geben würden, die nicht fachgemäß installierte Ersatzteile beinhalten und hohe Fehlerraten und Folgekosten mit sich bringen können.[137] Über die fehlende Verfügbarkeit von Ersatzteilen als zentrales Hindernis von Reparaturen ist bereits für viele Produkte berichtet worden.[138] Sie führt oft dazu, dass Verbraucherinnen Produkte entsorgen und ein Ersatzprodukt kaufen – sich also gegen die technisch mögliche Reparatur etwa durch einen Handwerksbetrieb entscheiden. Indirekte Obsoleszenz kann allerdings auch schlicht daraus resultieren, dass der Markt überhaupt keine kommerziellen Wartungs- und Reparaturoptionen bereithält.[139] Verbraucherinnen bleibt dann nur die Möglichkeit, Reparaturen selbst durchzuführen. Das fehlende Angebot kann auf eine Vielzahl von Reparaturhindernissen zurückgehen. Zu diesen gehört wiederum die fehlende Verfügbarkeit von Ersatzteilen, aber auch der fehlende Zugang zu Reparaturanleitungen oder Servicehandbüchern, Diagnosegeräten oder Diagnosesoftware oder auch der fehlende Zugang zu speziellen Geräten, die für die Reparaturen erforderlich sind.[140] Zudem können immaterialgüterrechtliche Hindernisse bestehen, die nicht auf der Ebene des Vertragsrechts reguliert werden und hier nicht im Einzelnen darzustellen sind.[141] Zusätzliche Reparaturhindernisse können darin liegen, dass in selbständigen Herstellergarantien die Haftung für Fälle ausgeschlossen wird, in denen Produkte von dritten Parteien geöffnet werden. Ähnliches gilt für Authentifizierungsme-

---

136 *Michel*, Premature Obsolescence (2022), 59 f.
137 *Watson/Gylling/Tojo/Throne-Holst/Bauer/Milios*, Circular Business Models in the Mobile Phone Industry (2017), 48.
138 *Michel*, Premature Obsolescence (2022), 60; *Mehnert*, Reparaturen für alle? – Rechtliche Perspektiven des „Right to repair", ZRP 2023, 9 (10 f.).
139 *Michel*, Premature Obsolescence (2022), 60.
140 *Michel*, Premature Obsolescence (2022), 60.
141 Dazu *Perzanowski*, The Right To Repair (2022), 110 ff.; *Grinvald/Tur-Sinai,* Intellectual Property Law and the Right to Repair, 88 Fordham L. Rev. (2019), 63; *Rosborough/Wiseman/Pihlajarinne*, Achieving a (copy)right to repair for the EU's green economy, 18 Journal of Intellectual Property Law & Practice 2023, 344.

chanismen, die Drittreparaturen verhindern. Letzteres kann beispielsweise bei Smartphones der Fall sein, wenn das Motherboard nicht alle Ersatzteile nach einer Reparatur als dem autorisierten Netzwerk zugehörig identifiziert oder auch wenn Kontrollelemente des Smartphones nur für vom Hersteller autorisierte Techniker bedienbar sind.[142] Solche Hindernisse – deren Beseitigung vor allem durch kartell- oder wettbewerbsrechtliche Maßnahmen möglich sein dürfte – führen dazu, dass das Handwerk Reparaturmärkte nicht erschließen kann.

Die Kategorie der indirekten Obsoleszenz zeigt eine erhebliche Betätigungschance für das Handwerk auf. Ganz offensichtlich wäre es für das Handwerk ebenso vorteilhaft wie für die nachhaltige Kreislaufwirtschaft, wenn bestehende Angebotslücken im Reparatursektor geschlossen werden könnten, so dass Verbraucherinnen verbesserten Zugang zu Reparaturdienstleistungen erhielten. Darin liegen zugleich gerade angesichts eines zunehmend wachsenden ökologischen Verbraucherbewusstseins[143] ganz erhebliche Gewinnchancen für das Handwerk. Handwerksbetriebe könnten auf Sekundärmärkten für Reparaturen expandieren, wenn der Zugang zu kostengünstigen Ersatzteilen, Reparaturanleitungen, reparaturnotwendiger Software und Daten verbessert würde. Gleiches gilt, wenn Herstellerstrategien zur Verhinderung von Drittreparaturen erfolgreich ausgehebelt werden könnten.

4. Ökonomische Obsoleszenz

Die vierte von *Michel* identifizierte Obsoleszenzkategorie ist die ökonomische Obsoleszenz (*economic obsolescence*).[144] Bei ihr geht es vor allem darum, dass Produkte als wirtschaftlich wertlos angesehen werden oder eine Reparatur als nicht lohnenswert – wofür vor allem der Vergleich insbesondere der Wartungs-, Unterhaltungs- und Reparaturkosten mit dem Kaufpreis von Neuware relevant ist. Ökonomische Obsoleszenz hängt von der Verbrauchereinschätzung zum Preis-Qualität-Verhältnis ab, wobei der

---

142 Vgl. *Purdy*, Is This the End of the Repairable iPhone?, https://de.ifixit.com/News/45
     921/is-this-the-end-of-the-repairable-iphone, 2020; *Michel*, Premature Obsolescence
     (2022), 60.
143 Vgl. *Perzanowski*, Consumer Perceptions of the Right to Repair, 96 (2) Indiana Law
     Journal 2021, 361.
144 *Michel*, Premature Obsolescence (2022), 60 ff.

Restwert des alten Produkts, die Benutzungs- und Wartungskosten sowie die Reparatur- und Ersatzbeschaffungskosten in Relation gestellt werden.[145]

a) Hohe Reparaturkosten

Eines der entscheidenden Hindernisse für eine nachhaltigkeitsorientierte Kreislaufwirtschaft liegt in den Kosten von Reparaturen.[146] Es liegt auf der Hand, dass Waren in der Praxis selten repariert werden, wenn die Reparaturkosten die Kosten einer Neuanschaffung übersteigen. Für Verbraucherinnen ist die Neuanschaffung dann ökonomisch vorzugswürdig. In vielen Fällen werden Neuanschaffungen sogar getätigt, wenn deren Kosten die Reparaturkosten geringfügig überschreiten. Die Reparatur kann nämlich selbst in diesen Fällen weniger attraktiv sein, weil mit einer Neuanschaffung weitere Vorzüge verbunden sind: Die unverbrauchte Gewährleistungsfrist für die neu angeschaffte Ware, das bessere Image eines neuen Produkts und die erwartete längere Haltbarkeit einer neuen gegenüber einer reparierten Ware. Das Problem wird verschärft, wenn Neuanschaffungspreise sinken, was auf manchen Märkten beobachtet werden kann – etwa bei Fernsehgeräten.[147] Der Verbraucherzentrale Bundesverband belegt in einer Studie, dass sich beispielsweise bei Schuhen viele Verbraucherinnen durch die hohen Reparaturkosten daran gehindert sehen, Schuhe reparieren zu lassen, obwohl sie an sich deren Lebensdauer gerne verlängern würden.[148] Die Reparatur von Schuhen scheitert dabei häufig daran, dass keine Reparaturwerkstätte in der Nähe zu finden ist – was ökonomisch betrachtet die Reparaturkosten erhöht.[149] Ökonomische Obsoleszenz tritt, um ein weiteres Beispiel zu nennen, auch häufig bei Smartphones auf, deren Bildschirm gebrochen ist.[150] Die Reparaturkosten übersteigen oft die Kosten eines Neu-

---

145 *Michel*, Premature Obsolescence (2022), 60 f.
146 Eingehend *Perzanowski*, The Right To Repair (2022), 23 ff.; vgl. auch *Seitz*, Das Recht auf Reparatur – Balanceakt zwischen Ressourcenschutz und ausufernder Herstellerhaftung, GWR 2023, 150 (151).
147 Vgl. https://de.statista.com/statistik/daten/studie/71705/umfrage/durchschnittsprei s-fuer-plasmabildschirme-und-lcd-fernseher-seit-2005/.
148 https://www.vzbv.de/pressemitteilungen/wegwerfschuhe-ein-problem-fuer-verbrau cherinnen-und-umwelt.
149 https://www.vzbv.de/pressemitteilungen/wegwerfschuhe-ein-problem-fuer-verbrau cherinnen-und-umwelt.
150 *Michel*, Premature Obsolescence (2022), 61.

geräts oder unterschreiten sie nur geringfügig. Auch wenn ein Neuerwerb etwas teurer ist, kann er mit Blick auf zusätzliche Funktionen des neuen Geräts und vielleicht zusätzlich wegen Herstelleranreizen beim Neukauf unter Inzahlunggabe des defekten Geräts attraktiver sein.[151] Solche Anreize können sogar für sich genommen ökonomische Obsoleszenz hervorrufen, wenn beispielsweise beim Abschluss längerfristiger Mobilfunkverträge „kostenlos" Neugeräte angeboten werden, oft auch nach Ablauf bestimmter Zeitperioden.[152] Handwerksbetriebe werden in all diesen Situationen keine Reparaturaufträge erhalten, selbst wenn sie technisch betrachtet die Geräte reparieren könnten.

b) Fehlende oder schwierige Verfügbarkeit kostengünstiger Ersatzteile

Der Grund für die Höhe der Reparaturkosten liegt oft auch in der fehlenden Verfügbarkeit oder Zugänglichkeit kostengünstiger Ersatzteile.[153] Dazu kommen Herstellerstrategien, die gerade Reparaturen durch unabhängige Drittanbieter erheblich erschweren.[154] Derartige Strategien schaffen für Handwerksbetriebe erhebliche Marktzutrittsbarrieren. Ein anschauliches Beispiel bietet ein Blick in einschlägige Internetforen, beispielsweise zur Reparatur von Apple-Geräten. So berichtet in einem solchen Forum ein User, dass ihm seine Apple Ultra Watch heruntergefallen und infolgedessen die Sensoreinheit defekt sei.[155] Nach den im Forum gegebenen Auskünften verkaufte Apple die für eine Reparatur erforderlichen Ersatzteile nicht, und auch bei anderen Lieferanten seien sie nicht zu finden. Die einzige Möglichkeit sei die Reparatur direkt beim Hersteller, also bei Apple. Blickt man nun auf die Webseite von Apple, ist eine Reparatur zwar möglich, allerdings werden die Kosten für die Reparatur (Austausch der Sensoreinheit) mit 619 Euro veranschlagt.[156] Günstiger wird es für Kunden mit der kostenpflichtigen Versicherungspolice „AppleCare+": Wer sie abge-

---

151 *Michel*, Premature Obsolescence (2022), 60 f.

152 *Michel*, Premature Obsolescence (2022), 61.

153 *Mehnert*, Reparaturen für alle? – Rechtliche Perspektiven des „Right to repair", ZRP 2023, 9 (10 f.); *Micklitz/Mehnert/Specht-Riemenschneider/Liedtke/Kenning*, Recht auf Reparatur (2022), 38.

154 *Perzanowski*, The Right To Repair (2022), 93 ff.

155 https://de.ifixit.com/Antworten/Ansehen/779930/Sensoreinheit+Apple+Watch+Ultra+tauschen.

156 https://support.apple.com/de-de/watch/repair.

schlossen hat, muss für den Austausch der Sensoreinheit lediglich 75 Euro zahlen. Das Beispiel illustriert, welche Auswirkungen die Ersatzteil- und Reparaturstrategie marktführender Hersteller auf den Reparaturmarkt hat: Externe Reparaturen – für die gerade das Handwerk wegen seiner Kompetenz prädestiniert ist – werden faktisch nahezu ausgeschlossen, indem die erforderlichen Ersatzteile nicht verfügbar gemacht werden . So wird die Reparatur unmittelbar beim Hersteller monopolisiert. Marktzutrittschancen für das Handwerk werden damit verschlossen.[157] Zugleich wird der Abschluss einer „AppleCare+"-Police attraktiv, weil sie die Reparaturkosten erheblich reduziert. Je mehr Kunden eine entsprechende Versicherung erwerben, umso stärker wird die Reparaturkonzentration beim Hersteller. Solche Monopolisierungsstrategien lassen sich nur durchbrechen, wenn die für Reparaturen erforderlichen Ersatzteile und reparaturnotwendige Dokumente sowie gegebenenfalls Software zu moderaten, nicht abschreckenden Preisen auch von unabhängigen Reparaturunternehmen erworben werden können. *Micklitz u.a.* kritisieren daher aus gutem Grund, dass die Vorschläge zur Reform des europäischen Ökodesign-Rechts keine Regelung zur Preisgestaltung beinhalten.[158]

c) Reparaturdauer

Ökonomische Obsoleszenz kann auch durch eine zu lange Reparaturdauer verursacht werden.[159] Die Kosten der Reparatur steigen ökonomisch betrachtet mit der Reparaturdauer, weil die Produkte während der Reparatur nicht genutzt werden können. Gerade bei Geräten, auf die Verbraucherinnen im täglichen Leben angewiesen sind – wie etwa Smartphones – kann eine lange Reparaturdauer schon für sich genommen prohibitiv wirken. Teilweise könnten Verbraucherinnen sogar billige Ersatzgeräte zur Überbrückung anschaffen – was natürlich besonders nachhaltigkeitsschädlich ist.[160] Vor diesem Hintergrund wäre es in vielen Fällen zu begrüßen, wenn

---

157 Vgl. allgemein dazu mit anschaulichen Beispielen *Perzanowski*, The Right To Repair (2022), 93 ff.; s. auch *Kieninger*, Recht auf Reparatur („Right to Repair") und Europäisches Vertragsrecht, ZEuP 2020, 264 (267).

158 *Micklitz/Mehnert/Specht-Riemenschneider/Liedtke/Kenning*, Recht auf Reparatur (2022), 41.

159 *Micklitz/Mehnert/Specht-Riemenschneider/Liedtke/Kenning*, Recht auf Reparatur (2022), 38.

160 *Verbraucherzentrale Bundesverband*, Stellungnahme 2023.

Verbraucherinnen Ersatzgeräte während der Reparatur zur Verfügung gestellt würden – wobei jedoch diesbezüglich gerade etwa bei Smartphones datenschutzrechtliche Probleme zu bewältigen wären.[161] Wünschenswert wäre auch, dass Reparateure ihr Möglichstes tun, um die Reparaturdauer durch die Optimierung von Betriebsabläufen zu verkürzen.[162]

d) Ökonomische Obsoleszenz in der Perspektive des Handwerks

Aus der Perspektive des Handwerks ist ökonomische Obsoleszenz differenziert zu betrachten. Einerseits haben Handwerksbetriebe die Chance, ihren Beitrag zu einer nachhaltigkeitsorientierten Kreislaufwirtschaft durch kostengünstigere Reparaturen zu verstärken. Andererseits müssen Handwerksbetriebe über angemessene und konkurrenzfähige Entgelte für Reparaturen Gewinne erzielen können. Und zugleich können Handwerksbetriebe als Verkäufer auch am Absatz von Neuwaren interessiert sein. Gleichwohl sind für die Kategorie der ökonomischen Obsoleszenz Strategien denkbar, die Reparaturen fördern, ohne die Interessen des Handwerks zu vernachlässigen: Diese Strategien schließen den Zugang zu kostengünstigen Ersatzteilen sowie Reparatur- und Diagnosetools ebenso ein wie etwa die Einführung eines bundesweiten Reparaturbonus.[163]

5. Psychologische Obsoleszenz

Die fünfte Obsoleszenzkategorie schließlich ist die psychologische Obsoleszenz: Bei psychologischer Obsoleszenz erscheinen Produkte aus Konsumentensicht nicht mehr attraktiv oder befriedigend und werden durch neuere Produkte ersetzt – obwohl sie noch voll funktionsfähig sind.[164] Dahinter können eine neue Produktästhetik, technologische Trends, attraktive funktionelle Verbesserungen oder veränderte Konsummuster stehen.[165]

---

161 Näher dazu *Micklitz/Mehnert/Specht-Riemenschneider/Liedtke/Kenning*, Recht auf Reparatur (2022), 38.

162 *Knipp*, Ersatzteilversorgung im technischen Kundendienst, (1985), 76 f.

163 Näher unten, G.

164 *Michel*, Premature Obsolescence (2022), 62; *Perzanowski*, The Right To Repair (2022), 19.

165 *Michel*, Premature Obsolescence (2022), 62 f.; *Prakash/Dehoust/Gsell/Schleicher/Stamminger*, Einfluss der Nutzungsdauer von Produkten auf ihre Umweltwirkung:

Durch Studien belegte Beispiele bieten Fernseher und Mobiltelefone.[166] Auch der Zentralverband des Deutschen Handwerks (ZDH) identifiziert in seiner Stellungnahme zum Kommissionsvorschlag „Trends, Statussymbole sowie die technische Entwicklung" als wichtige Gründe dafür, dass das gesellschaftliche Konsumverhalten meist auf neue Produkte ausgerichtet ist.[167] Entsprechende Wahrnehmungen der Verbraucherinnen werden oft durch spezifische Marketingstrategien von Unternehmen zumindest verstärkt.[168] Auch der Ersatz alter Produkte durch neue Waren aus Umweltschutzgründen lässt sich hierzu zählen, wenn Konsumenten umweltfreundlichere neue Produkte kaufen, die etwa weniger Energie verbrauchen.[169] Das ist allerdings, wie bereits erwähnt, oft keineswegs nachhaltiger als die Reparatur eines vorhandenen Produkts.[170]

Psychologische Obsoleszenz erschwert dem Handwerk, seine Kompetenzen und Expertise durch mehr ökologisch sinnvolle Reparaturen voll ausspielen zu können.

III. Hauptursachen frühzeitiger Obsoleszenz

Wie sich bei der Beschreibung der Hauptkategorien frühzeitiger Obsoleszenz bereits gezeigt hat, gibt es eine Reihe unterschiedlicher Gründe für frühzeitige Obsoleszenz. Zentrale Ursachen auf Hersteller- und Verbraucherseite werden im Folgenden mit Blick auf das Recht auf Reparatur etwas näher erläutert.

Schaffung einer Informationsgrundlage und Entwicklung von Strategien gegen „Obsoleszenz" (2016), 64.

166 Vgl. für Fernseher (Flatscreens) *Prakash/Dehoust/Gsell/Schleicher/Stamminger,* Einfluss der Nutzungsdauer von Produkten auf ihre Umweltwirkung: Schaffung einer Informationsgrundlage und Entwicklung von Strategien gegen „Obsoleszenz" (2016), 45 und für Smartphones *Wieser,* Exploring the inner loops of the circular economy: Replacement, repair, and reuse of mobile phones in Austria, 172 Journal of Cleaner Production (2018), 3043.

167 *Zentralverband des Deutschen Handwerks,* Stellungnahme 2023, 2.

168 *Spinney/Burningham/Cooper/Green/Uzzell,* „What I've found is that your related experiences tend to make you dissatisfied": Psychological obsolescence, consumer demand and the dynamics and environmental implications of de-stabilization in the laptopsector, 12 Journal of Consumer Culture 2012, 347.

169 *Michel,* Premature Obsolescence (2022), 64 m.w.N.

170 Vgl. *Bakker/Wang/Huisman/den Hollander,* Products that go round: exploring product life extension through design, 69 Journal of Cleaner Production 2014, 10 (mit konkreten Berechnungen zu Kühlschränken und Laptops).

1. Ursachen auf Herstellerseite

Ein Blick auf die Herstellerseite zeigt, dass Kostendruck, fehlende ökonomische Anreize zur Produktion langlebiger Produkte oder auch Zeitdruck frühzeitige Obsoleszenz befördern können.[171] Diese Gründe betreffen auch Handwerksbetriebe in ihrer Funktion als Hersteller. Sie hängen damit zusammen, dass Produkte aus unternehmerischer Sicht zur Erwirtschaftung von Gewinnen dienen, was auch durch den Verkauf von mehr Produkten in kürzeren Zeitintervallen erreicht werden kann.[172] Im internationalen Wettbewerb können Unternehmen häufig nur durch die Senkung ihrer Herstellungskosten profitabel wirtschaften, was mit verminderten Qualitätseigenschaften einhergehen und die Entwicklung nachhaltiger Produkte behindern kann.[173] Für das Handwerk besteht die Chance, durch klassische Handwerksqualitäten – wie hoher Qualität, Einzigartigkeit, Zuverlässigkeit und Langlebigkeit – zu punkten und gerade keine Kompromisse bei Qualitätseigenschaften und Nachhaltigkeitsaspekten der im Handwerk hergestellten Waren einzugehen. Insofern dürfte sich das Handwerk häufig von großen industriellen Produzenten abheben können. Industriellen Produzenten kann es an ökonomischen Anreizen für die Entwicklung nachhaltiger Produkte sowie für reparaturermöglichende Maßnahmen wie die entsprechende Infrastruktur und ein Ersatzteilmanagement fehlen.[174] Dazu kommt ökonomischer Druck hin zu immer kürzeren Innovationszyklen gerade bei elektronischen Produkten.[175] Besonders bei gesättigten Märkten finden sich Unternehmensstrategien zugunsten von Ersatzkäufen – insbesondere bei relativ günstigen Produkten liegen sie nahe.[176] Funktionelle, indirekte, werkstoffliche und psychologische Obsoleszenz können die Folge sein.[177] Dazu treten Informationsasymmetrien, weil Unternehmen nachhaltigkeitsbezogene Informationen über ihre Produkte zu wenig publik machen.[178] Viele große Herstellererschweren Reparaturen durch Drittanbieter (auch aus dem Handwerk) durch hochpreisige Ersatzteile und repara-

171 Vgl. *Michel*, Premature Obsolescence (2022), 64 ff.
172 *Michel*, Premature Obsolescence (2022), 64 f.
173 *Michel*, Premature Obsolescence (2022), 65.
174 *Michel*, Premature Obsolescence (2022), 65 f.
175 *Michel*, Premature Obsolescence (2022), 66.
176 Vgl. *Micklitz/Mehnert/Specht-Riemenschneider/Liedtke/Kenning*, Recht auf Reparatur (2022), 14.
177 *Michel*, Premature Obsolescence (2022), 66.
178 *Michel*, Premature Obsolescence (2022), 66 f.

turfeindliches Produktdesign. Häufig kontrollieren sie den *after sales*-Markt für Reparaturen.[179] Teils finden sich auch Strategien, die sich gegen die Etablierung überholter Produkte richten und damit ökonomisch lohnenswerte Reparaturen und den Eintritt von Handwerksbetrieben auf den *refurbished*-Markt erschweren können.[180] Ein Beispiel bietet eine Vereinbarung zwischen Amazon und Apple, wonach Amazon Apple-Produkte anbieten darf, zugleich aber Drittanbieter von Apple-Produkten ausschließt – was insbesondere unabhängige Anbieter trifft, die zuvor überholte Apple-Produkte auf dem Marktplatz von Amazon verkauft haben.[181] Durch solche Vereinbarungen werden die Eintrittschancen des Handwerks in sekundäre Reparaturmärkte und damit verbundene Verkaufsmärkte (*„refurbish and sell"*) erheblich erschwert.[182]

2. Ursachen auf Verbraucherseite

Auf Seite der Verbraucher lässt sich ebenfalls eine Vielzahl an Gründen identifizieren, die frühzeitige Obsoleszenz zur Folge haben. Hinter diesen Gründen steht oft das Phänomen, dass viele Verbraucherinnen ihr persönliches Wohlbefinden vom Besitz bestimmter Güter abhängig machen.[183] Dabei fehlt es häufig am Wissen um die Bedeutung des eigenen ökologischen Fußabdrucks bzw. der nachhaltigkeitsschädlichen Konsequenzen des Konsumverhaltens.[184] Einer von der Europäischen Kommission in Auftrag gegebenen Studie zufolge können fehlende oder schwer auffindbare Informationen über die Nachhaltigkeit von Produkten (beispielsweise die zu erwartende Lebensdauer oder Reparierbarkeit) reparaturfeindliche Verbraucherentscheidungen fördern.[185] Doch auch die Zunahme von nachhaltigkeitsbezogenen Werbeaussagen, die teils schwer verifizierbar sind,

---

179 *Micklitz/Mehnert/Specht-Riemenschneider/Liedtke/Kenning*, Recht auf Reparatur (2022), 38.; *Mehnert*, Reparaturen für alle? – Rechtliche Perspektiven des „Right to repair", ZRP 2023, 9 (10 f.). Dazu schon näher oben, B.II.2. und B.II.3.
180 *Perzanowski*, The Right To Repair (2022), 100 ff.
181 *Perzanowski*, The Right To Repair (2022), 100 ff.
182 *Perzanowski*, The Right To Repair (2022), 101 f.
183 Näher dazu *Michel*, Premature Obsolescence (2022), 67 f.
184 Vgl. *Michel*, Premature Obsolescence (2022), 68.
185 Vgl. *European Commission, Consumers, Health, Agriculture and Food Executive Agency*, Behavioural study on consumers' engagement in the circular economy, 2018, 82: Über 80 Prozent der befragten Verbraucherinnen beklagten, dass sowohl Informationen über die Lebensdauer als auch über die Reparierbarkeit von Produkten schwer zu finden seien.

können zur Verunsicherung der Verbraucherinnen führen und nachhaltige Entscheidungen verhindern. Zudem hat die Verhaltensforschung eine Reihe von *„biases"* der Verbraucherinnen identifiziert – etwa Vorbehalte überholten Produkten gegenüber[186] –, die reparaturfreundlichem Verbraucherverhalten im Wege stehen.[187] Viele Verbraucherinnen machen ihr Kaufverhalten nach wie vor in erster Linie davon abhängig, wie neu und preisgünstig ein Produkt ist.[188] Gerade die günstige Verfügbarkeit neuer Produkte kann verhindern, dass sich Verbraucherinnen für die Reparatur von Altprodukten entscheiden.[189] Dazu kommt, dass Produkte oft nicht ideal gewartet werden und Zugänge zur Reparatur oder auch Ersatzteilen fehlen.[190] Freilich gibt es durchaus zunehmende Bereitschaft der Verbraucherinnen zur Reparatur, die durch geeignete Verhaltensanreize gefördert werden kann.[191] Wenn es gelingt, das Konsumverhalten möglichst vieler Verbraucherinnen zielgerichtet in Richtung Reparatur zu lenken, liegt darin eine erhebliche Chance für das Handwerk, das auf den schon bestehenden Märkten für Reparatur expandieren und neue Reparaturmärkte erschließen kann.[192]

---

186 Zu diesem bias eingehend *Abbey/Meloy/Guide Jr./Atalay*, Remanufactured Products in Closed-Loop Supply Chains for Consumer Goods, 24 (3) Production and Operations Management (2014), 488; vgl. auch *Kryla-Cudna*, Sales Contracts and the Circular Economy, 6 European Review of Private Law 2020, 1207 (1224).

187 Ausführlich dazu *Becher/Sibony*, Confronting Product Obsolescence, 27 Columbia Journal of European Law (2021), 97 (insbes. 114 ff.).

188 Vgl. *Michel*, Premature Obsolescence (2022), 71.

189 *Michel*, Premature Obsolescence (2022), 72.

190 *Ackermann/Mugge/Shoormans*, Consumers' perspective on product care: An exploratory study of motivators, ability factors, and triggers, 183 Journal of Cleaner Production 2018, 380; *Gregson/Metcalfe/Crewe,* Practices of Object Maintenance and Repair: How consumers attend to consumer objects within the home, 9 Journal of Consumer Culture 2009, 248; *Michel*, Premature Obsolescence (2022), 73.

191 *Ackermann/Tuimaka/Pohlmeyer/Mugge*, Design for Product Care—Development of Design Strategies and a Toolkit for Sustainable Consumer Behaviour, Journal of Sustainability Research 2021;3(2):e210013.

192 Vgl. *Sachverständigenrat für Umweltfragen*, Politik in der Pflicht: Umweltfreundliches Verhalten erleichtern (2023), 29 ff. und zusammenfassend 159 ff.

C. „Recht auf Reparatur" – Chancen und Risiken, insbesondere aus der Perspektive des Handwerks

Bevor der Richtlinienvorschlag im Einzelnen diskutiert wird, sollen die wesentlichen ökonomischen und ökologischen Chancen und Risiken aufgezeigt werden, die mit der Stärkung von Reparaturen einhergehen. Zentral ist dabei die Perspektive des Handwerks, wobei auch Gemeinwohlinteressen, die Belange von Verbraucherinnen und distributive Effekte in den Blick zu nehmen sind. Aus Sicht der Kommission verfolgt der Richtlinienvorschlag generell das Ziel eines nachhaltigen Verbrauchs, soll das Abfallaufkommen verringern und zur Einsparung von Ressourcen führen, die im Herstellungsverfahren und bei Ersatzlieferungen anfallen und zugleich Treibhausgasemissionen reduzieren.[193] Verbraucherinnen sollen motiviert werden, ihre Waren länger zu nutzen, auf die frühzeitige Entsorgung von Waren zu verzichten und Waren einfacher und kostengünstiger reparieren lassen können.[194] Die Kommission will auch die Nachfrage am Reparaturmarkt steigern und Anreize für nachhaltige Geschäftsmodelle setzen – also gerade im handwerksrelevanten Reparatursektor mehr Beschäftigung, Investitionen und Wettbewerb erreichen, um insbesondere unabhängige Reparaturbetriebe zu fördern. Welche Chancen und Risiken der Verwirklichung dieser Ziele immanent ist, wird im Folgenden näher ausbuchstabiert.

I. Gemeinwohlaspekte (insbesondere: Nachhaltigkeit)

Wenn die von der Kommission angestrebten Ziele faktisch erreicht werden, profitiert das Gemeinwohl[195], denn eine nachhaltige Kreislaufwirtschaft trägt erheblich zum Umweltschutz bei und hilft Ressourcen einzusparen

---

193 Kommissionsvorschlag, COM(2023) 155 final EG 1 und 3.
194 Kommissionsvorschlag, COM(2023) 155 final EG 3.
195 Zum Gemeinwohlbegriff im Kontext des Privatrechts *Arnold*, Gemeinwohltopoi im Privatrecht (2020), 452 f. Knapp zusammengefasst bezieht sich „Gemeinwohl" auf alle Interessen und Ziele, an deren Verfolgung ein objektives Gruppeninteresse besteht und deren Realisierung das Recht auf der Grundlage demokratisch legitimierter Diskurse als wünschenswert bewertet.

sowie Nachhaltigkeitsziele zu verwirklichen.[196] Zu den knappen Ressourcen, deren Verbrauch durch die Förderung von Reparaturen verringert
werden kann, zählen beispielsweise Kobalt, Aluminium, Öl, Kupfer, Gold,
Lithium, Nickel, Silikon, Silber und seltene Erden.[197] Die Bergung dieser
Ressourcen geht mit einem erheblichen Energieverbrauch einher, ist nicht
selten gefährlich und führt derzeit auch zu globalen Ungerechtigkeiten,
wie etwa Kinderarbeit im Rahmen der Ressourcenförderung in Ländern
des globalen Südens, um die hohe Nachfrage aus dem globalen Westen
zu befriedigen.[198] Auch Abfallentsorgung und Recycling sind in der Praxis oft wenig effektiv und nachhaltig.[199] Die Einsparung entsprechender
Ressourcen und die Reduzierung von Abfall, gerade auch Sondermüll,
sind daher ein wichtiger Gemeinwohlbelang. Gesundheitsgefahren, die beispielsweise aus der abfallbedingten Verunreinigung von Grundwasser entstehen, können reduziert werden. Dabei geht es wiederum auch um globale
Gerechtigkeit. Je weniger Sondermüll aus Deutschland bzw. der Europäischen Union anfällt, umso weniger müssen Länder des globalen Südens
als Sondermülldeponien des globalen Westens dienen. Zugleich verringert
sich der CO2-intensive Transport und Vertrieb von Ressourcen. So hat
die Verlängerung der Lebensdauer von Produkten erhebliches CO2-Einspa-
rungspotenzial,[200] so dass ein „Recht auf Reparatur" auch eine gewisse
Rolle im Kampf gegen den menschengemachten Klimawandel spielt. Nicht
ausgeschlossen ist freilich, dass in manchen Fällen auch der Erwerb neuer
Produkte ökologisch sinnvoll sein kann, wenn die neuen Geräte deutlich
weniger Energie oder sonstige Ressourcen verbrauchen.[201] Die unter Nachhaltigkeitsgesichtspunkten ideale Produktlebensdauer ist natürlich im Einzelfall schwer zu ermitteln.[202] Allerdings müssen auch der Herstellungs-
und Entwicklungsaufwand für die Neugeräte sowie der Recyclingaufwand

---

196 Vgl. nur *Kryla-Cudna*, Sales Contracts and the Circular Economy, European Review
of Private Law 2020, 1207.
197 *Perzanowski*, The Right To Repair (2022), 30.
198 *Perzanowski*, The Right To Repair (2022), 30 ff.
199 *Perzanowski*, The Right To Repair (2022), 36 ff.
200 https://eeb.org/wp-content/uploads/2019/09/Coolproducts-report.pdf.
201 Vgl. beispielsweise *Bakker/Wang/Huisman/den Hollander*, Products that go round:
exploring product life extension through design, 69 Journal of Cleaner Production
2014, 10 m.w.N. und konkreten Berechnungen zu Kühlschränken und Laptops.
202 *Alejandre/Akizu-Gardoki/Lizundia*, Optimum operational lifespan of household
appliances considering manufacturing and use stage improvements via life cycle
assessment, 32 Sustainable Production and Consumption 2022, 52; *Bovea/Ibáñez-
Forés/Pérez-Belis*, Repair vs. replacement: what is the best alternative for household

für Altgeräte in die Ökobilanz eingestellt werden, die für den Vergleich von Neuerwerb und Reparatur ausschlaggebend ist. Selbst bei energieintensiven Geräten sind Reparaturen sogar nach langen Nutzungsphasen oft vorzugswürdig.[203] Reparaturen können daher aus Nachhaltigkeitsgründen auch dann vorzugswürdig sein, wenn das neue Gerät bei isolierter Betrachtung des Ressourcenverbrauchs während des Betriebs effizienter ist. Häufig ist in der Praxis die Reparatur die nachhaltigere Option gegenüber einer Neuanschaffung.[204] Dass Reparaturen zum Umweltschutz, zur Ressourceneinsparung und Abfallvermeidung beitragen können, ist für die Perspektive des Handwerks höchst bedeutsam. Die nachfolgenden Generationen heutiger Handwerksbetriebe sind auf eine intakte Umwelt und Stoffe aus der Natur angewiesen, um das Handwerk leben zu können. Die nachhaltigkeitsbezogenen Gemeinwohlziele der Kommission liegen schon deshalb im Interesse des Handwerks von heute. Zugleich kann das Handwerk die eigene Relevanz für eine nachhaltigkeitsorientierte Kreislaufwirtschaft betonen, um auch wirtschaftlich von der Verfolgung der Nachhaltigkeitsziele zu profitieren.

II. Erschließung neuer Märkte (insbesondere: Sekundärmärkte für Reparaturen)

Die von der Kommission anvisierte Förderung von Reparaturen bringt für das Handwerk ökonomische Chancen mit sich. Dabei muss freilich differenziert werden, denn das Handwerk ist in vielen verschiedenen Rollen

---

small electric and electronic equipment?, in: Bakker u.a. (Hrsg.), Plate Product Lifetimes And The Environment, Conferene Proceedings, Amsterdam 2017, 51.

203 *Bakker/Wang/Huisman/den Hollander,* Products that go round: exploring product life extension through design, 69 Journal of Cleaner Production 2014, 10 (mit konkreten Berechnungen zu Kühlschränken und Laptops).

204 Vgl. *Bakker/Wang/Huisman/den Hollander,* Products that go round: exploring product life extension through design, 69 Journal of Cleaner Production 2014, 10; *Ökoinstitut,* FAQ Langlebigkeit von Elektrogeräten im Haushalt, 2016, https://ww w.oeko.de/fileadmin/oekodoc/FAQ-Langlebigkeit-elektronische-Produkte.pdf, 6-10; Bericht des European Environmental Bureau, Cool products don't cost the earth, https://eeb.org/wp-content/uploads/2019/09/Coolproducts-report.pdf, 2019. Allerdings muss die Preisentwicklung bei neuen Produkten im Blick bleiben, um nachteilige Auswirkungen zu verhindern, vgl *Jin/Yang/Zhu,* Right to Repair: Pricing, Welfare, and Environmental Implications, 69 (2) Management Science 2022, 1017-1036, https://doi.org/10.1287/mnsc.2022.4401.

auf unterschiedlichen Märkten mit Reparaturbezug tätig – beispielsweise als primär herstellende Betriebe, als Reparateure in Herstellernetzwerken und auch als unabhängige Reparateure. RolleNicht zuletzt angesichts dieser Rollenvielfalt ist für das Handwert ganz entscheidend, wie das „Recht auf Reparatur" im Einzelnen ausgestaltet ist.[205] Die möglichen ökonomischen Konsequenzen sind vielschichtig. Ein naheliegender Effekt für das Handwerk liegt in Expansionsmöglichkeiten auf Sekundärmärkten für Reparaturen. Zudem kann das Handwerk Reparaturmärkte neu erschließen – denn wenn mehr Reparaturen erfolgen, steigt die Nachfrage und entsprechende Betätigungsoptionen für das Handwerk werden eröffnet. Durch die Identifikation geeigneter Betätigungsfelder kann das Handwerk durch marktgerechte Spezialisierungen expandieren. Dem Handwerk bietet sich zudem die Chance, seine branchenbedingte zentrale Rolle zur Erreichung der Nachhaltigkeitsziele herauszustellen und öffentlichkeitswirksam zu vermarkten. Dabei kommen beispielsweise *refurbished*-Märkte (etwa für Laptops oder Smartphones) in Betracht, die derzeit teilweise noch durch Marktstrategien großer Hersteller (wie Apple) limitiert werden.[206] Seine Kernkompetenzen könnte das Handwerk auf solchen Märkten sicher ausspielen, setzen doch erfolgreiche Geschäfte mit überholten Produkten die technisch sorgsame und fehlerfreie Reparatur und Aufbereitung der Altgeräten voraus.[207] Wenn es gelingt, Reparaturhindernisse wie den fehlenden Zugang zu Ersatzteilen oder Reparaturanleitungen sowie reparaturfeindliche Produktdesigns und Herstellerstrategien zu beseitigen,[208] werden diese Chancen weiter verstärkt. Dabei könnten sich auch Reparaturmarktanteile von industriellen Herstellern hin zu kleineren und mittleren Handwerksbetrieben verschieben, was eine für das Handwerk vorteilhafte distributive Konsequenz wäre. Wenn Hersteller zunehmend Reparaturen durchführen müssen, ist das herstellende Handwerk wegen seiner Reparaturexpertise im Vorteil. Das Handwerk kann dabei auch als Auftragnehmer der Hersteller seine Kompetenzen ausspielen. Dazu könnten Handwerksbetriebe beitragen, indem sie sich auf bestimmte Marktsegmente spezialisieren, um die reparaturnotwendige Infrastruktur effizient auf- und auszubauen. Das

---

205 Ein Szenario mit negativen Auswirkungen für Verbraucherinnen, Hersteller und die Umwelt zeichnen *Jin/Yang/Zhu*, Right to Repair: Pricing, Welfare, and Environmental Implications, 69 (2) Management Science 2022, 1017.

206 S. oben, B.III.1.

207 Vgl. *Kryla-Cudna*, Sales Contracts and the Circular Economy, European Review of Private Law 2020, 1207 (1221 ff.).

208 Dazu oben, B.

könnte beispielsweise bei technisch komplexen Produkten lohnenswert sein, bei denen der entsprechende Aufwand oder die notwendige Spezialisierung von den Herstellern nur mit hohem Aufwand eigenständig bewältigt werden könnte. So könnte das Handwerk überlegene Kompetenzen und Expertisen nutzen, um Reparaturen vor Ort im Auftrag von Herstellern durchzuführen. Wie der IHK-Tag zurecht betont, spielen auch die möglicherweise steigenden Marktchancen langlebiger Produkte in die Hände des Handwerks.[209] Zugleich kann das Handwerk einen entscheidenden Beitrag für das Gelingen einer nachhaltigen Kreislaufwirtschaft leisten. Die Förderung von Kreislaufwirtschaft, Ressourceneffizienz und Nachhaltigkeit bietet für das Handwerk ökonomische Vorteile, beispielweise die geringere Abhängigkeit von Rohstoffimporten, deren Einbrechen Märkte unterminieren könnte, auf die das Handwerk angewiesen ist.[210] Auch die Förderung von „Do it yourself"-Reparaturen oder Repaircafés bietet für das Handwerk ökonomische Chancen. Wenn etwa der Sporthersteller *Decathlon* im Sinne einer Förderung der „Do it yourself"-Reparatur vorsieht, dass Kunden zur Vorbereitung von Eigenreparaturen technische Expertinnen kontaktieren können,[211] liegt darin für Handwerksbetriebe auch eine Chance: Sie können diese gefragte Expertise entwickeln oder ausbauen und als Dienstleistung zur Verfügung stellen. Zudem können solche Beratungen ebenso wie „Do it yourself"-Reparaturversuche Grenzen der Selbstreparatur durch Laien aufzeigen. Im nächsten Schritt kann dann eine Reparatur bei einem Handwerksbetrieb veranlasst werden. Wenn sekundäre Reparaturmärkte erstarken und reparaturnotwendige Informationen freier zirkulieren, können wirksamere und ressourcenschonendere Reparaturverfahren entwickelt und erprobt werden, so dass die Reparatureffizienz weiter steigen kann.

---

209 Vgl. *Deutscher Industrie- und Handelskammertag*, Stellungnahme 2023, 4: „Laut einzelner Unternehmen könnten mögliche ökonomische Vorteile eines Rechts auf Reparatur neben der Ressourceneinsparung etwa auch in größeren Marktchancen langlebiger Produkte liegen. Die Reparaturmöglichkeit von Produkten könne demnach ein starkes Kaufargument sein."

210 Vgl. *Deutscher Industrie- und Handelskammertag*, Stellungnahme 2023, 2: „Die Förderung von Kreislaufwirtschaft, Ressourceneffizienz und damit von Nachhaltigkeit hat für die deutsche Wirtschaft hohe Bedeutung. Das bringt neben ökologischen auch konkrete ökonomische Vorteile – wie geringere Abhängigkeiten bei Rohstoffimporten. Grundsätzlich sieht ein Großteil der Unternehmen das verfolgte Ziel, die Nachhaltigkeit auch beim Konsum von Gütern zu steigern, positiv. Die aktuelle Corona-Krise verdeutlicht, dass ein schonender Umgang mit Ressourcen notwendig und erstrebenswert ist."

211 Vgl. https://support.decathlon.de/unser-kundenservice-auftrag.

III. Nachteilige ökonomische Konsequenzen

Wie bereits erwähnt, ist das Handwerk in vielen verschiedenen Rollen auf unterschiedlichen Märkten mit Reparaturbezug tätig,[212] so dass pauschale Aussagen über die ökonomischen Konsequenzen für das gesamte Handwerk nur schwer möglich sind. Die einzelnen Handwerksbetriebe werden unterschiedliche Konsequenzen spüren. Was mögliche ökonomische Nachteile anbelangt, dürften generell mittel- und langfristig weniger Erwerbsvorgänge erfolgen, wenn Produkte eine längere Lebenserwartung haben und häufiger repariert werden. Daraus können dem herstellenden Handwerk Verluste erwachsen. Solchen Verlusten stehen freilich Gewinnchancen auf den Reparaturmärkten gegenüber, auf denen das Handwerk ebenfalls tätig ist – künftig möglicherweise verstärkt. Manche Handwerksbetriebe dürften auch vom stärkeren Wettbewerb auf dem Reparatursektor nachteilig betroffen sein, weil ein verstärkter Wettbewerb nicht konkurrenzfähige Handwerksbetriebe aus dem Markt drängen kann. Eine weitere Gefahr könnte darin liegen, dass große Herstelle die Reparaturmärkte zunehmend zu monopolisieren versuchen.[213] Wenn selbständige Handwerksbetriebe von der Förderung von Reparaturen profitieren sollen, müssen solche Monopolisierungstendenzen möglichst eingedämmt werden.

IV. Notwendige Umstellung unternehmerischer Prozesse – auch im Handwerk

Unvermeidbar dürfte sein, dass das Handwerk Geschäftsprozesse anpassen, Herstellungs- und Designstrategien überarbeiten und die Reparatureffizienz seiner Produkte weiter verbessern muss. Insoweit befürchtet der Deutsche Industrie- und Handelskammertag (DIHK) Eingriffe in unternehmerische Prozesse wie beispielsweise die Produktgestaltung, weil die langfristige Zugänglichkeit aller Teile für Reparatur sichergestellt werden muss.[214] Das führe zu notwendigen Anpassungen in Herstellung und Logistik, etwa bei der Lagerung von Ersatzteilen, was mit dem Einsatz von Kapi-

---

212 Handwerksbetriebe können beispielsweise in erster Linie herstellende Betriebe sein, sie können als selbständige Reparateure in Herstellernetzwerken, aber auch als unabhängige Reparateure tätig sein.
213 Vgl. auch oben, B.II.4.
214 *Deutscher Industrie- und Handelskammertag*, Stellungnahme vom 30. März 2023, 1.

tal verbunden sei.[215] Auch die nötige Infrastruktur für Reparaturen müsse insgesamt ausgebaut werden.[216] Die Beobachtungen des DIHK beschreiben gewichtige Herausforderungen gerade auch für Handwerksbetriebe. Ihre Bewältigung könnte für das Handwerk wegen der bestehenden Chancen profitabel sein. Denkbar ist freilich, dass manche Handwerksbetriebe als Hersteller oder auch als Reparateure teilweise aus Märkten verdrängt werden, weil die vergleichsweise hohen Löhne im Inland Konkurrenten im Ausland marktfähiger werden lassen. Dieser Gefahr kann das Handwerk vor allem dadurch gegensteuern, dass es seine klassischen Stärken – wie Zuverlässigkeit, technisches Knowhow und Fertigungsqualität – im Wettbewerb ausspielt. Anreize wie etwa Reparaturboni oder eine Senkung des Mehrwertsteuersatzes für Reparaturdienstleistungen – soweit europarechtlich zulässig[217] – können dabei als flankierende regulierende Maßnahmen helfen.

V. Ökonomische Konsequenzen auf Verbraucherseite

Leistungen des Handwerks werden oft von Verbraucherinnen nachgefragt. Für Verbraucherinnen können Reparaturen ökonomische Vorteile mich sich bringen, beispielsweise, weil Neuanschaffungen aufgeschoben werden und sich der Wert der Produkte durch die Reparaturen erhöht. Auch werden Verbraucherinnen befähigt, ihrerseits einen entscheidenden Beitrag zu einer nachhaltigen Kreislaufwirtschaft zu leisten. Freilich bringt die Förderung von Reparaturen auch Konsequenzen mit sich, die auf den ersten Blick nachteilig für die Verbraucherinnen sind. Zu diesen Konsequenzen gehört, dass Hersteller möglicherweise die Preise für neue Produkte erhöhen werden, um Kosten auszugleichen, die durch die Förderung von Reparaturen für sie entstehen. Indes sind solche Preiserhöhungen keineswegs sicher, hängt doch die Preisgestaltung von einer Vielzahl von Faktoren ab.[218] Zudem würden im Gegenzug der Zugang zu Reparaturen und insbesonde-

---

215 *Deutscher Industrie- und Handelskammertag*, Stellungnahme vom 30. März 2023, 1.

216 *Deutscher Industrie- und Handelskammertag*, Stellungnahme vom 30. März 2023, 3.

217 Die Mehrwertsteuer-RL (RL 2006/112/EG) erlaubt derzeit in Art. 98 Abs. 3 i.V.m. Anhang III nur die Reduzierung des Mehrwertsatzes bei der Reparatur von Wohnungen und Privatwohnungen (Nr. 10), Haushaltsgeräten, Schuhe und Lederwaren, Kleidung und Haushaltswäsche (Nr. 19) und Fahrrädern (Nr. 25). Vgl. dazu noch näher unten, G.III.

218 *Perzanowski*, The Right To Repair (2022), 25.

re Ersatzteilen, Reparatursoftware und Reparatur-Knowhow erleichtert.[219] Auch könnten Investitionen in nachhaltige Technologien und reparaturbezogene Innovationen zunehmen.[220] Es ist gut denkbar, dass Verbraucherinnen künftig weniger stark in neue Produkte investieren und dafür stärker in die Reparatur von Dingen, die ihnen bereits gehören. Doch gerade dieser Wandel entspricht ja den übergeordneten Nachhaltigkeitszielen der Kommission, wenn er auch freilich nicht mit den individuellen Präferenzen einzelner Verbraucherinnen übereinstimmen mag. Künftig könnten jedoch mehr Verbraucherinnen diesen Wandel begrüßen, wenn es der Politik und anderen gesellschaftlichen Akteuren gelingt, die in Reparaturen steckenden Vorzüge und die Bedeutung nachhaltigen Wirtschaftens in weiten Bevölkerungskreisen überzeugend zu vermitteln.[221]

---

219 Vgl. *Perzanowski*, The Right To Repair (2022), 25 f.
220 *Perzanowski*, The Right To Repair (2022), 26.
221 Vgl. auch *Sachverständigenrat für Umweltfragen*, Politik in der Pflicht: Umweltfreundliches Verhalten erleichtern (2023).

D. „Recht auf Reparatur" in der Praxis des geltenden Rechts?

I. Einführung

Ob die Chancen, die in der Förderung von Reparaturen liegen, auch tatsächlich verwirklicht werden, hängt von vielen Einzelheiten ab, unter anderem auch von der rechtlichen Ausgestaltung des „Rechts auf Reparatur". Die konkreten Vorschläge der Kommission werden in dieser Hinsicht noch ausführlich zu untersuchen sein.[222] Da der Vorschlag der Kommission auf eine Änderung der bestehenden Rechtslage abzielt, muss jedoch zunächst die gegenwärtige Rechtslage untersucht werden – also die wesentlichen vertragsrechtlichen Regelungen zu Reparaturen, die das deutsche bzw. europäische Privatrecht in seiner gegenwärtigen positiv-rechtlichen Ausgestaltung prägen. Dabei werden die wichtigsten gesetzlichen Bestimmungen darzustellen sein, wie sie in der Praxis des Rechts ausgelegt und angewendet werden. Denn für eine regulative Perspektive ist in erster Linie die praktische Anwendung rechtlicher Regeln relevant: Menschen orientieren sich daran, wie Rechtsregeln in der Praxis gelebt und angewandt werden, nicht dagegen an alternativen Auslegungsvorschlägen, mögen diese auch dogmatisch noch so gut begründet sein. Gleichwohl werden gelegentlich Seitenblicke auf alternative Auslegungsvorschläge erfolgen. Denn es lässt sich nicht ausschließen, dass solche Auslegungsvorschläge in der Zukunft die praktische Rechtsanwendung prägen werden. Das gilt besonders im hier untersuchten Bereich: Offenkundig hat die Diskussion um Nachhaltigkeit und Recht in den letzten Jahren spürbar an Bedeutung gewonnen.[223] Vor allem nachhaltigkeitsbezogene Argumentationsansätze könnten daher künftig in der Rechtspraxis eine größere Rolle einnehmen. Im Folgenden werden diejenigen Rechtsregeln untersucht, die zu einem „Recht auf Reparatur" führen können bzw. die vom Kommissionsvorschlag anvisierte Förderung von Reparaturen verwirklichen helfen oder auch – gerade umgekehrt – ihr entgegenstehen können. Vorab sei kursorisch vermerkt, dass sich ein „Recht auf Reparatur" selbstverständlich aus einem Werkvertrag (§ 631 BGB) ergeben kann: Wer sein Fahrrad in einer Werkstatt reparieren

---

222 Unten E.
223 Vgl. etwa *Jan-Erik Schirmer*, Nachhaltiges Privatrecht, Tübingen 2023.

lässt, hat einen vertraglichen Primärleistungsanspruch auf Reparatur des Fahrrads gegen das vereinbarte (oder ein angemessenes) Entgelt – also ein subjektives „Recht auf Reparatur". In der Diskussion um das „Recht auf Reparatur" geht es jedoch nicht um solche vertraglichen Primärleistungsansprüche. Vielmehr geht es einerseits um Käuferrechte auf Reparatur gegen Verkäuferinnen, Lieferanten oder Hersteller. Im gegenwärtigen Recht steht hier der kaufrechtliche Anspruch auf Nacherfüllung im Zentrum. Andererseits geht es um das Recht von Käuferinnen, unabhängig von denkbaren Gewährleistungsrechten die Reparatur von Produkten selbst vorzunehmen oder von Dritten (wie Handwerksbetrieben) vornehmen zu lassen.

II. Der kaufrechtliche Anspruch auf Nacherfüllung (Art. 13 Warenkauf-RL bzw. §§ 437 Nr. 1, 439 BGB)

1. Grundlagen

Der aus dem Kaufvertrag fließende Primärleistungsanspruch des Käufers zielt natürlich nicht auf Reparatur, sondern auf Übergabe und Übereignung einer mangelfreien Kaufsache. Allerdings wird die Reparatur von den Rechtsbehelfen umfasst, die dem Käufer zur Seite stehen, wenn die Kaufsache mangelhaft ist. Art. 13 Warenkauf-RL sieht für den Fall der Vertragswidrigkeiten von Waren vor, dass der Käufer als Abhilfe grundsätzlich in erster Linie die „Herstellung des vertragsgemäßen Zustands" durch Nachbesserung (also Reparatur) oder Ersatzlieferung verlangen kann. Art. 13 Warenkauf-RL ist im kaufrechtlichen Gewährleistungsrecht der §§ 434 ff. BGB umgesetzt, insbesondere in §§ 437 Nr. 1, 439 BGB. Danach hat der Käufer schon heute ein „Recht auf Reparatur", wenn die Kaufsache mangelhaft ist. Anspruchsgegner ist dabei die Verkäuferin der Sache – weder die Herstellerin noch Dritte sind passiv legitimiert. Der Käufer kann gem. § 437 Nr. 1 BGB in erster Linie Nacherfüllung (einschließlich der Reparatur) verlangen und erst in zweiter Linie vom Vertrag zurücktreten, den Kaufpreis mindern oder auch Schadens- und Aufwendungsersatz verlangen (§ 437 Nr. 2 und 3 BGB). Das folgt insbesondere aus den Fristsetzungserfordernissen der §§ 323 und 281 BGB.[224] Diese Systematik entspricht den Vorgaben des Art. 13 Warenkauf-RL. Die Voraussetzungen dieses heute schon bestehenden „Rechts auf Reparatur" in Form des kaufrechtlichen

---

224 S. nur *Arnold/Bydlinski*, BGB – Schuldrecht Allgemeiner Teil (2020), Rn. 387.

Nacherfüllungsanspruchs sind eng und unterliegen praktisch bedeutsamen Grenzen. Reparaturen werden im Rahmen der kaufrechtlichen Nacherfüllung kaum gefördert; vielmehr setzt das geltende Recht gerade umgekehrt Anreize zugunsten der Ersatzlieferung. Das begründet naturgemäß ein erhebliches Regulierungspotenzial.

2. Sachmangel bei Gefahrübergang

Der Nacherfüllungsanspruch besteht von vornherein nur dann, wenn die Kaufsache bei Gefahrübergang mangelhaft i.S.d. § 434 BGB ist, also die objektiven oder subjektiven Anforderungen an die Kaufsache oder die Montageanforderungen nicht erfüllt sind.[225] Das entspricht den Vorgaben von Artt. 5-8 Warenkauf-RL.[226]

a) Subjektiver Fehlerbegriff und Reparierbarkeit

Die Langlebigkeit einer Sache kann auf Grundlage entsprechender Vereinbarungen zu den subjektiven Anforderungen der Sache gehören.[227] Wenn Käuferin und Verkäuferin etwa vereinbaren, dass die gekaufte Stehlampe bei einem Defekt des Leuchtmittels durch Austausch des Leuchtmittels reparierbar sein soll, ist die Sache gem. § 434 Abs. 2 BGB mangelhaft, wenn die Stehlampe bei einem Defekt des Leuchtmittels nicht repariert werden kann. Solche expliziten Vereinbarungen kommen indes selten vor.[228] Deutlich häufiger könnten sie allerdings in absehbarer Zukunft durch eine

---

225 Vgl. etwa *Bach/Wöbbeking*, Das Haltbarkeitserfordernis der Warenkauf-RL als neuer Hebel für mehr Nachhaltigkeit?, NJW 2020, 2672 (2673).

226 Zur Warenkauf-RL in der Perspektive der Nachhaltigkeit *van Gool/Michel*, The New Consumer Sales Directive 2019/771 and Sustainable Consumption: A Critical Analysis, EuCML 2021, 136.

227 S. nur *Wilke*, Besonderheiten der Beschaffenheitsvereinbarung im Kaufgewährleistungsrecht, NJW 2023, 633 (635); *Bach/Wöbbeking*, Das Haltbarkeitserfordernis der Warenkauf-RL als neuer Hebel für mehr Nachhaltigkeit?, NJW 2020, 2672 (2674); *van Gool/Michel*, The New Consumer Sales Directive 2019/771 and Sustainable Consumption: A Critical Analysis, EuCML 2021, 136. (138 ff.).

228 *Micklitz/Mehnert/Specht-Riemenschneider/Liedtke/Kenning*, Recht auf Reparatur (2022), 47; vgl. auch zu Vereinbarungen über die Haltbarkeit *Bach/Wöbbeking*, Das Haltbarkeitserfordernis der Warenkauf-RL als neuer Hebel für mehr Nachhaltigkeit?, NJW 2020, 2672 (2674).

neugefasste Ökodesign-VO werden: Der Ökodesign-VO-E 2022[229] vom 22.3.2022 ermöglicht die Verpflichtung von Unternehmen, Verbraucherinnen eine ganze Palette nachhaltigkeitsbezogener Informationen zur Verfügung stellen, die insbesondere die Reparierbarkeit von Produkten betreffen können. Je nach Einzelfall können sich aus solchen Informationen explizite oder konkludente Vereinbarungen über die Reparierbarkeit von Produkten ergeben.[230]

b) Objektiver Fehlerbegriff und Nachhaltigkeit

Nachhaltigkeitsbezogene Anforderungen an die Kaufsache können auch über den objektiven Fehlerbegriff relevant werden. Maßgebliche Grundlage sind insoweit Art. 7 Warenkauf-RL bzw. § 434 BGB. Nach § 434 Abs. 3 S. 1 BGB entspricht die Sache, soweit nichts Anderes vereinbart ist, nur dann den objektiven Anforderungen, wenn sie sich für die gewöhnliche Verwendung eignet (§ 434 Abs. 3 S. 1 Nr. 1 BGB) und wenn sie eine Beschaffenheit aufweist, die bei Sachen derselben Art üblich ist und die der Käufer erwarten kann (§ 434 Abs. 3 S. 1 Nr. 2 BGB). Dabei ist die Art der Sache zu berücksichtigen (434 Abs. 3 S. 1 Nr. 2 lit. a BGB), aber auch öffentliche Äußerungen, die von dem Verkäufer oder einem anderen Glied der Vertragskette oder in deren Auftrag, insbesondere in der Werbung oder auf dem Etikett, abgegeben wurden (§ 434 Abs. 3 S. 1 Nr. 2 lit. b BGB).[231] Die Sache muss darüber hinaus der Beschaffenheit einer Probe oder eines Musters entsprechen, die oder das die Verkäuferin der Käuferin vor Vertragsschluss zur Verfügung gestellt hat (§ 434 Abs. 3 S. 1 Nr. 3 BGB), und mit dem Zubehör einschließlich der Verpackung, der Montage- oder Installationsanleitung sowie anderen Anleitungen übergeben werden, deren Erhalt die Käuferin erwarten kann (§ 434 Abs. 3 S. 1 Nr. 4 BGB). Auch wenn sich Parteien also nicht explizit auf bestimmte Eigenschaften der Sache geeinigt haben, kann die Kaufsache mangelhaft sein. Das ist unter anderem der Fall, wenn eine Kaufsache öffentlich-rechtliche Vorgaben für

---

229 COM(2022) 142 final. Dazu etwa *Wende*, Sustainability by Design? – Nachhaltigkeitsaspekte im europäischen Produktrecht, ZfPC 2022, 165.

230 Vgl. auch *van Gool/Michel*, The New Consumer Sales Directive 2019/771 and Sustainable Consumption: A Critical Analysis, EuCML 2021, 136 (138 ff.).

231 Instruktiv *van Gool/Michel*, The New Consumer Sales Directive 2019/771 and Sustainable Consumption: A Critical Analysis, EuCML 2021, 136 (138 ff.).

ihre Inbetriebnahme oder Verwendung nicht erfüllt, also beispielsweise ein Kfz nicht über die europarechtlich vorgesehene Typgenehmigung verfügt oder Kühlschränke bzw. Klimaanlagen nicht die nach dem EVPG[232] nötige Mindestenergieeffizienz aufweisen.[233] Ähnliches gilt für Waren, die mit Nachhaltigkeits-Siegeln ausgestattet sind, aber die dafür erforderlichen Nachhaltigkeitsstandards nicht erfüllen.[234] Je nach Einzelfall ist auch möglich, dass hier schon die subjektiven Anforderungen an die Kaufsache nicht erfüllt sind.[235] Gleiches muss aber – wie hinsichtlich des Europarechts auch EG 32 Warenkauf-RL nahelegt – für sektorenspezifische Standards gelten, denn diese prägen ebenfalls die berechtigten Erwartungen der Käufer.[236] Hier liegt eine für das Recht auf Reparatur wichtige Verzahnung des Ökodesign-Rechts und des Kaufrechts: Produkte die wegen fehlender Reparierbarkeit nicht den Vorgaben der jeweils geltenden Ökodesign-Standards entsprechen, lösen Gewährleistungsrechte des Käufers aus, die ein Recht auf Reparatur beinhalten können.[237] Wenn also beispielsweise ein Smartphone entgegen den Vorgaben einer Öko-Design-Durchführungsverordnung keinen austauschbaren Akku besitzt,[238] ist es mangelhaft gem. § 434 Abs. 3 BGB. In dieser Konstruktion liegt erhebliches Nachhaltigkeitspotenzial: Je eher Gerichte die Reparierbarkeit von Produkten als zu erwartende objektive Beschaffenheit von Kaufsachen ansehen, umso mehr Anreize werden geschaffen, Produkte entsprechend reparierbar zu gestalten. Denn andernfalls besteht für die Verkäuferinnen ein Haftungsrisiko, das im Wege des

---

232 Gesetz über die umweltgerechte Gestaltung energieverbrauchsrelevanter Produkte (Energieverbrauchsrelevante-Produkte-Gesetz – EVPG) vom 27. Februar 2008, BGBl. I 258. Das EVPG setzt europäisches Ökodesign-Recht in deutsches Recht um.

233 Vgl. *Croon-Gestefeld*, Die nachhaltige Beschaffenheit der Kaufsache, NJW 2022, 497 (499).

234 Vgl. *Croon-Gestefeld*, Die nachhaltige Beschaffenheit der Kaufsache, NJW 2022, 497 (499).

235 Vgl. *Croon-Gestefeld*, Die nachhaltige Beschaffenheit der Kaufsache, NJW 2022, 497 (499).

236 *Micklitz/Mehnert/Specht-Riemenschneider/Liedtke/Kenning*, Recht auf Reparatur (2022), 48.

237 Noch weitergehend *van Gool/Michel*, The New Consumer Sales Directive 2019/771 and Sustainable Consumption: A Critical Analysis, EuCML 2021, 136 (138), denen zufolge die gewöhnliche Reparierbarkeit grundsätzlich zu den gewöhnlich erwartbaren Eigenschaften der Kaufsache gehört.

238 Beispiel bei *Micklitz/Mehnert/Specht-Riemenschneider/Liedtke/Kenning*, Recht auf Reparatur (2022), 48.

Verkäuferregresses (§ 445a BGB) letztlich bis zu den Herstellern durchgereicht werden kann.[239]

c) Die Reparierbarkeit von Produkten im Spiegel des objektiven Fehlerbegriffs

Öffentlich-rechtliche oder private Standards über die Reparierbarkeit von Waren können zu den vereinbarten oder auch den objektiv erwartbaren Beschaffenheiten von Waren zählen.[240] Dabei kann es etwa um das reparierfreundliche Produktdesign oder auch die Verfügbarkeit von Ersatzteilen gehen.[241] Die Reparierbarkeit von Produkten hat Einfluss auf ihre Wertschätzung.[242] *Croon-Gestefeld* wendet allerdings ein, dass die Reparierbarkeit regelmäßig nicht als Abweichung von der üblichen Beschaffenheit verstanden werden kann, wenn sie weder zugesichert noch beworben sei.[243] Dafür führt sie ins Feld, dass die fehlende Reparierbarkeit gewöhnlich „für alle Exemplare des Modells sowie vergleichbare Produkte" gelte.[244] Das könnten Gerichte indes zunehmend strenger beurteilen, indem sie das Nachhaltigkeitsprinzip bei der Auslegung stärker betonen.[245] In naher Zukunft dürfte die objektive Erwartbarkeit der Reparierbarkeit bei vielen

---

239 Zu diesem zentralen Zweck des § 445a BGB etwa BeckOGK/*Arnold*, Stand 01.08.2023, § 445a BGB Rn. 1 ff.

240 Vgl. *Atamer*, Nachhaltigkeit und die Rolle des Kaufrechts: Eine rechtsvergleichende Übersicht zu den Regulierungsmöglichkeiten, ZSR 2022, 285 (291); *Micklitz/Mehnert/Specht-Riemenschneider/Liedtke/Kenning*, Recht auf Reparatur (2022), 51.

241 Allerdings mit erheblichen Limitationen, vgl. *Micklitz/Mehnert/Specht-Riemenschneider/Liedtke/Kenning*, Recht auf Reparatur (2022), 52; weitergehend *van Gool/Michel*, The New Consumer Sales Directive 2019/771 and Sustainable Consumption: A Critical Analysis, EuCML 2021, 136 (138).

242 *Croon-Gestefeld*, Die nachhaltige Beschaffenheit der Kaufsache, NJW 2022, 497 (501). Einer ausdrücklichen gesetzlichen Verankerung des Reparierbarkeitserfordernisses im deutschen Recht steht wohl der vollharmonisierende Charakter der Warenkauf-RL entgegen, vgl. *Kieninger*, Recht auf Reparatur („Right to Repair") und Europäisches Vertragsrecht, ZEuP 2020, 264 (275); kritisch dazu *van Gool/Michel*, The New Consumer Sales Directive 2019/771 and Sustainable Consumption: A Critical Analysis, EuCML 2021, 136.

243 *Croon-Gestefeld*, Die nachhaltige Beschaffenheit der Kaufsache, NJW 2022, 497 (502).

244 *Croon-Gestefeld*, Die nachhaltige Beschaffenheit der Kaufsache, NJW 2022, 497 (502).

245 Vgl. auch *Kieninger*, Recht auf Reparatur („Right to Repair") und Europäisches Vertragsrecht, ZEuP 2020, 264 (274 ff.).

Produkten ohnehin außer Zweifel gestellt sein. Denn nach der Ökodesign-VO-E 2022[246] sollen künftig erheblich mehr Produkte Ökodesign-Anforderungen bezüglich der Reparierbarkeit unterliegen. Jedenfalls bei den davon betroffenen Produkten wäre dann die fehlende Reparierbarkeit eine Abweichung von der üblichen, erwartbaren Beschaffenheit.

d) Die Haltbarkeit der Sache im Spiegel des objektiven Fehlerbegriffs

Anreize zur Entwicklung langlebigerer Waren könnten entstehen, wenn weniger langlebige Waren wegen ihrer fehlenden Haltbarkeit sachmangelhaft wären.[247] Denn dann könnten die Hersteller durch Entwicklung haltbarer Waren Haftungskosten verringern. Vereinbarungen über die Haltbarkeit i.S.d. subjektiven Fehlerbegriffs kommen selten vor.[248] Allerdings gehört die „Haltbarkeit" schon heute zu den objektiven Anforderungen an die Vertragsmäßigkeit.[249] Art. 7 Abs. 1 lit. d) Warenkauf-RL sieht vor, dass Waren auch „hinsichtlich ihrer Menge, Qualität und sonstigen Merkmale – einschließlich ihrer Haltbarkeit (…) dem entsprechen, was bei Waren derselben Art üblich ist und was der Verbraucher in Anbetracht der Art der Waren und unter Berücksichtigung öffentlicher Erklärungen, die von dem Verkäufer oder im Auftrag des Verkäufers oder einer anderen Person in vorhergehenden Gliedern der Vertragskette einschließlich des Herstellers, insbesondere in der Werbung oder auf dem Etikett, abgegeben wurden, vernünftigerweise erwarten kann."[250] Im deutschen Recht ist das in § 434 BGB umgesetzt. Nach dieser Norm gehören zu der üblichen Beschaffenheit nach § 434 Abs. 3 S. 1 Nr. 2 BGB Menge, Qualität und sonstige Merkmale der Sache, einschließlich ihrer *Haltbarkeit*, Funktionalität, Kompatibilität und Sicherheit. Der Begriff der Haltbarkeit ist in Art. 2 Nr. 13 Warenkauf-RL definiert, nämlich als „die Fähigkeit der Waren, ihre erforderlichen Funktionen und ihre Leistung bei normaler Verwendung zu behalten."

---

246 COM(2022) 142 final. Dazu etwa *Wende*, Sustainability by Design? – Nachhaltigkeitsaspekte im europäischen Produktrecht, ZfPC 2022, 165.
247 Dazu *Bach/Wöbbeking*, Das Haltbarkeitserfordernis der Warenkauf-RL als neuer Hebel für mehr Nachhaltigkeit?, NJW 2020, 2672 (2673 ff.).
248 *Bach/Wöbbeking*, Das Haltbarkeitserfordernis der Warenkauf-RL als neuer Hebel für mehr Nachhaltigkeit?, NJW 2020, 2672 (2674).
249 Instruktiv *Bach/Wöbbeking*, Das Haltbarkeitserfordernis der Warenkauf-RL als neuer Hebel für mehr Nachhaltigkeit?, NJW 2020, 2672.
250 Dazu etwa *Atamer*, Nachhaltigkeit und die Rolle des Kaufrechts: Eine rechtsvergleichende Übersicht zu den Regulierungsmöglichkeiten, ZSR 2022, S. 285-311 (289 ff.).

EG 32 Warenkauf-Richtlinie erwähnt in diesem Kontext ausdrücklich die Nachhaltigkeitsziele der Unionspolitik, weist darauf hin, dass eine lange Warenhaltbarkeit zur Förderung nachhaltigerer Verbrauchergewohnheiten und der Kreislaufwirtschaft wichtig sind und sieht die Warenkauf-RL als Ergänzung der produktspezifischen Unionsvorschriften. Für die Haltbarkeit konkretisiert EG 32:

> „Damit Waren vertragsgemäß sind, sollten sie eine Haltbarkeit haben, die für Waren derselben Art üblich ist und die der Verbraucher in Anbetracht der Art der spezifischen Waren, einschließlich der möglichen Notwendigkeit einer vernünftigen Wartung der Waren, wie etwa der regelmäßigen Inspektion oder des Austausches von Filtern in einem Auto, und unter Berücksichtigung öffentlicher Erklärungen, die von dem Verkäufer oder im Auftrag des Verkäufers oder einer anderen Person in vorhergehenden Gliedern der Vertragskette abgegeben wurden, vernünftigerweise erwarten kann. Bei der Beurteilung sollten auch alle anderen maßgeblichen Umstände berücksichtigt werden, wie beispielsweise der Preis der Ware und die Intensität oder Häufigkeit der Verwendung seitens des Verbrauchers. Darüber hinaus sollte sich der Verbraucher, soweit eine etwaige vorvertragliche Erklärung, die Bestandteil des Kaufvertrags ist, spezifische Angaben zur Haltbarkeit enthält, darauf als Bestandteil der subjektiven Anforderungen an die Vertragsmäßigkeit berufen können."

All das klingt nachhaltigkeitsfreundlich, hat aber letztlich wenig konkrete Auswirkungen.[251] Zwar würden die maßgeblichen Rechtsnormen und EG 32 eine gute Grundlage für eine Auslegung bieten, der zufolge Waren in dem Sinne „haltbar" sein müssen, dass auch Mängel, die nach Gefahrübergang entstehen, einen Sachmangel begründen. Das *law in action* wird jedoch von der noch ganz h.M. geprägt, die § 434 Abs. 3 S. 2 BGB nicht in diesem Sinne versteht.[252] Nach dieser h.M. besteht keine „gesetzliche Haltbarkeitsgarantie". Vielmehr soll es dabei bleiben, dass die fehlende Haltbarkeit der Sache schon im Zeitpunkt des Gefahrübergangs innewoh-

---

251 Instruktiv *Bach/Wöbbeking*, Das Haltbarkeitserfordernis der Warenkauf-RL als neuer Hebel für mehr Nachhaltigkeit?, NJW 2020, 2672 (2674 f.).

252 Etwa *Lorenz*, Die Umsetzung der EU-Warenkaufrichtlinie in deutsches Recht, NJW 2021, 2065 (2066).

nen muss.[253] Das entspricht auch der Gesetzesbegründung zu § 434 Abs. 3 BGB.[254] Die Sache muss also nach dem noch herrschenden Verständnis lediglich so hergestellt worden sein, dass sie bei normaler Verwendung ihrer produktspezifischen Funktionen und Fähigkeiten für eine angemessene Zeit behält.[255] Dabei ist die spezifische Produktkategorie maßgeblich und auch der Preis der Produkte zu berücksichtigen.[256] In der Praxis bestehen erhebliche Schwierigkeiten bei der Ermittlung der jeweiligen Haltbarkeitsdauer.[257] Das Haltbarkeitserfordernis hat auch deshalb nahezu keinen Effekt, weil die Verjährung der Käuferrechte regelmäßig schon eingetreten ist, bevor dem Käufer die fehlende Haltbarkeit auffallen kann: Zwei Jahre nach Gefahrübergang tritt Verjährung ein. Zudem muss selbst der Verbraucher als Käufer schon ein Jahr nach Gefahrübergang den Beweis führen, dass die Sache wegen einer schon bei Gefahrübergang vorhandenen fehlenden Haltbarkeit defekt geworden ist. *Bach* und *Kieninger* halten deshalb die Regelung für „weitgehend wirkungslos".[258] Tatsächlich schafft sie wegen der aufgezeigten Limitationen[259] kaum Anreize, langlebigere Produkte zu entwickeln. Nichtsdestotrotz ist die Aufnahme der Haltbarkeit in den Gesetzestext und die Betonung der Nachhaltigkeitsziele in EG 32 der Warenkauf-RL für das Recht auf Reparatur auch in der Perspektive des Handwerks begrüßenswert. Unter Bezugnahme auf das Haltbarkeitserfordernis kann heute schon eine vielleicht zukunftsweisende Beweiserleichterung zugunsten der Käuferinnen begründet werden: Wenn sich ein Funktionsverlust während des zweiten Jahrs nach Lieferung zeigt, soll *Bach* und *Wöbbeking* zufolge ein Haltbarkeitsmangel bejaht werden, wenn der Käufer darlegt

---

253 *Bach/Wöbbeking*, Das Haltbarkeitserfordernis der Warenkauf-RL als neuer Hebel für mehr Nachhaltigkeit?, NJW 2020, 2672 (2675); *Croon-Gestefeld*, Die nachhaltige Beschaffenheit der Kaufsache, NJW 2022, 497 (499).

254 BT-Drs. 19/27424, 24; *Lorenz*, Die Umsetzung der EU-Warenkaufrichtlinie in deutsches Recht, NJW 2021, 2065 (2066).

255 BeckOK/*Faust*, Stand 01.08.2023, § 434 BGB Rn. 88.

256 BeckOK/*Faust*, Stand 01.08.2023, § 434 BGB Rn. 88.

257 *Bach/Wöbbeking*, Das Haltbarkeitserfordernis der Warenkauf-RL als neuer Hebel für mehr Nachhaltigkeit?, NJW 2020, 2672 (2675).

258 *Bach/Kieninger*, Ökologische Analyse des Zivilrechts, JZ 2021, 1088 (1093).

259 Ausführlich *Bach/Wöbbeking*, Das Haltbarkeitserfordernis der Warenkauf-RL als neuer Hebel für mehr Nachhaltigkeit?, NJW 2020, 2672; *Croon-Gestefeld*, Die nachhaltige Beschaffenheit der Kaufsache, NJW 2022, 497.

(und gegebenenfalls beweist), dass er die Kaufsache bestimmungsgemäß genutzt und gepflegt hat.[260]

3. Reparatur und das Wahlrecht des Käufers im Rahmen der Nacherfüllung

Eine weitere erhebliche Limitation des „Rechts auf Reparatur" liegt darin, dass es nur zur Reparatur kommen kann, wenn die Käuferin Nachbesserung wählt, sich also gegen die Ersatzlieferung entscheidet.[261] Das Wahlrecht schützt insbesondere die Interessen von Verbraucherinnen.[262] Doch auch für die Verkäuferinnen ist die Ersatzlieferung häufig ökonomisch sinnvoll.[263] Sie wird in der Praxis oft bevorzugt.[264] Dafür gibt es viele Gründe,[265] unter anderem genießen bei vielen Menschen fabrikneue Sachen ein höheres Ansehen als reparierte Sachen, selbst wenn sie funktionell gleichwertig sind.[266] Für Verbraucherinnen ist die Ersatzlieferung zusätzlich dadurch attraktiv, dass sie gem. § 475 Abs. 3 BGB (bzw. Art. 14 Abs. 4 Warenkauf-RL) keinen Nutzungsersatz zahlen müssen.[267] Das Wahlrecht ist grundsätzlich nur dadurch begrenzt, dass die Verkäuferin Unmöglichkeit

---

260 *Bach/Wöbbeking*, Das Haltbarkeitserfordernis der Warenkauf-RL als neuer Hebel für mehr Nachhaltigkeit?, NJW 2020, 2672 (2675). Dabei sollen die Beweisanforderungen für den vom Käufer zu führenden Beweis nicht überspannt werden: Regelmäßig solle der Nachweis genügen, dass der Käufer grundsätzlich umsichtig und pfleglich mit seinem Eigentum umgeht.

261 Instruktiv *van Gool/Michel*, The New Consumer Sales Directive 2019/771 and Sustainable Consumption: A Critical Analysis, EuCML 2021, 136 (144).

262 Ausführlich dazu *Kryla-Cudna*, Sales Contracts and the Circular Economy, European Review of Private Law 2020, 1207.

263 *Bach/Kieninger*, Ökologische Analyse des Zivilrechts, JZ 2021, 1088 (1094).

264 *van Gool/Michel*, The New Consumer Sales Directive 2019/771 and Sustainable Consumption: A Critical Analysis, EuCML 2021, 136 (144); vgl. auch *Augenhofer/Küter*, Recht auf oder Pflicht zur Reparatur? – Gedanken zum Vorschlag für eine RL über gemeinsame Vorschriften zur Förderung der Reparatur von Waren, VuR 2023, 243.

265 Instruktiv *van Gool/Michel*, The New Consumer Sales Directive 2019/771 and Sustainable Consumption: A Critical Analysis, EuCML 2021, 136 (144).

266 Vgl. auch *Mak/Lujinovic*, Towards a Circular Economy in EU Consumer Markets – Legal Possibilities and Legal Challenges and the Dutch Example, EuCML 2019, 4 (10).

267 Vgl. auch *Bach/Kieninger*, Ökologische Analyse des Zivilrechts, JZ 2021, 1088 (1094); *Bach/Wöbbeking*, Das Haltbarkeitserfordernis der Warenkauf-RL als neuer Hebel für mehr Nachhaltigkeit?, NJW 2020, 2672 (2677).

oder Unverhältnismäßigkeit der Reparatur einwenden kann.[268] *Bach* und *Kieninger* halten die Ersatzlieferung in ökologischer Perspektive regelmäßig für den „worst case", weil sich der Ressourcenverbrauch des Kaufs sogar verdoppelt, wenn der Verkäufer die Sache sogleich entsorgt.[269]

4. Unmöglichkeit und Unverhältnismäßigkeit der Reparatur

Selbst wenn die Voraussetzungen für einen Anspruch auf Reparatur gegeben sind und die Käuferin Reparatur verlangt, stehen der Verkäuferin praktisch bedeutsame Einreden oder Einwendungen zur Seite, insbesondere Unmöglichkeit und Unverhältnismäßigkeit.[270]

a) Unmöglichkeit der Reparatur (§ 275 Abs. 1 BGB)

Die Reparatur kann i.S.d. § 275 Abs. 1 BGB unmöglich sein – etwa, weil die Reparatur schlicht technisch nicht durchgeführt werden kann. Daran ist beispielsweise zu denken, wenn ein Produkt so konstruiert ist, dass es nicht ohne Zerstörung intakter Komponenten auseinandergebaut werden kann.[271] Allerdings liegen die Hürden für Unmöglichkeit in diesem Sinne hoch: Selbst wenn Teile eines Produkts im Zuge einer Reparatur zerstört werden müssen, können die zerstörten Teile oft ihrerseits durch intakte Teile ausgetauscht und das Produkt so letztlich wieder instand gesetzt werden. Freilich werden die Kosten solcher Reparaturmaßnahmen häufig sehr hoch sein. In solchen Fällen könnten unverhältnismäßige Kosten zu einem Leistungsverweigerungsrecht aus § 275 Abs. 2 BGB führen. Nach dieser

---

268 Dazu sogleich D.II.4. Kritisch dazu *van Gool/Michel*, The New Consumer Sales Directive 2019/771 and Sustainable Consumption: A Critical Analysis, EuCML 2021, 136 (145); zu Überlegungen, über das Rechtsprinzip von Treu und Glauben (§ 242) Nachhaltigkeitsaspekte durch Einschränkung des Käuferwahlrechts durchschlagen zu lassen *Kryla-Cudna*, Sales Contracts and the Circular Economy, European Review of Private Law 2020, 1207 (1214 f.).

269 *Bach/Kieninger*, Ökologische Analyse des Zivilrechts, JZ 2021, 1088 (1094).

270 Kritisch dazu *van Gool/Michel*, The New Consumer Sales Directive 2019/771 and Sustainable Consumption: A Critical Analysis, EuCML 2021, 136 (145); zu Überlegungen, über das Rechtsprinzip von Treu und Glauben (§ 242) Nachhaltigkeitsaspekte durch Einschränkung des Käuferwahlrechts durchschlagen zu lassen *Kryla-Cudna*, Sales Contracts and the Circular Economy, European Review of Private Law 2020, 1207 (1214 f.).

271 Vgl. auch oben, B.II.

Norm kann der Verkäufer die Reparatur verweigern, wenn der Aufwand für sie im Vergleich mit dem Käuferinteresse an der Reparatur in einem groben Missverhältnis steht.[272] In der Praxis müssen die Verkäufer diese recht hohen Hürden aber gar nicht nehmen: Denn § 275 Abs. 2 wird durch § 439 Abs. 4 BGB ergänzt – und diese Norm setzt die Schwelle deutlich niedriger an als § 275 Abs. 2 BGB.

b) Unverhältnismäßigkeit der Reparatur (§ 439 Abs. 4 BGB, Art. 13 Abs. 3 Warenkauf-RL)

§ 439 Abs. 4 BGB setzt Art. 13 Abs. 2 und 3 Warenkauf-RL in das nationale Recht um. Der Norm zufolge kann der Verkäufer die Nacherfüllung schon bei (einfacher) Unverhältnismäßigkeit verweigern. Dabei sind gem. § 439 Abs. 4 S. 2 BGB insbesondere der Wert der Sache in mangelfreiem Zustand, die Bedeutung des Mangels und die Frage zu berücksichtigen, ob auf die andere Art der Nacherfüllung ohne erhebliche Nachteile für den Käufer zurückgegriffen werden kann. Gerade Letzteres ist praktisch höchst relevant: Oft wird ja Ersatzlieferung für die Käuferin ohne erhebliche Nachteile möglich sein, so dass die Verkäuferin die Reparatur verweigern und stattdessen schlicht Ersatz liefern kann. Ökonomisch wird das für Verkäuferinnen häufig lohnenswert sein – unter anderem wegen der hohen Lohnkosten für die Vornahme von Reparaturen. Es kann sogar für Verkäuferinnen am günstigsten sein, Ersatz zu liefern und die mangelhafte Sache bei der Käuferin belassen, um Kosten für Rücktransport und Entsorgung zu sparen.[273] Nur am Rande erwähnt sei an dieser Stelle, dass unter Umständen auch absolute Unverhältnismäßigkeit in Betracht kommt, bei der die Verkäuferin beide Varianten der Nacherfüllung verweigern kann (§ 439 Abs. 3 S. 3 Hs. 2 BGB).

c) Recht des Verkäufers auf Reparatur nur bei Unverhältnismäßigkeit der Ersatzlieferung (§ 439 Abs. 4 BGB)

§ 439 Abs. 4 BGB wird nicht ausschließlich unter dem Aspekt relevant, dass der Käufer die an sich gewünschte Reparatur nicht erhält, weil der

---

272 *Arnold/Bydlinski*, BGB – Schuldrecht Allgemeiner Teil (2020), Rn. 236 f.
273 *Bach/Kieninger*, Ökologische Analyse des Zivilrechts, JZ 2021, 1088 (1094).

Verkäufer die Reparatur als unverhältnismäßig ablehnt und stattdessen eine Ersatzlieferung vornimmt. Denkbar ist auch umgekehrt, dass eine reparaturfreundlich gesinnte Verkäuferin gerne reparieren möchte, die Käuferin jedoch Ersatzlieferung verlangt. Dazu ist sie grundsätzlich berechtigt, weil ihr gem. § 439 Abs. 1 BGB das Wahlrecht zwischen Ersatzlieferung und Mängelbeseitigung zusteht. Die Verkäuferin kann dann gem. § 439 Abs. 4 BGB die Ersatzlieferung zugunsten der Reparatur nur dann verweigern, wenn die Ersatzlieferung unverhältnismäßig hohe Kosten gegenüber der Reparatur hat. Denkbar ist das vor allem bei sehr kostengünstigen Reparaturen – beispielsweise dann, wenn bei einer hochwertigen Ware wie einem Fahrrad nur ein günstig erhältliches Teil defekt ist und ausgetauscht werden muss, während die Ersatzlieferung hohe Kosten verursachen würde. Wenn diese Voraussetzungen vorliegen, lässt sich auch davon sprechen, dass der *Verkäufer* ein „Recht auf Reparatur" hat.

5. Verjährung und Mängelvermutung

a) Gewährleistungsrechtliche Regelverjährung von zwei Jahren (§ 438 Abs. 1 Nr. 3 BGB)

Die kaufrechtliche Regelverjährung[274] beträgt gem. § 438 Abs. 1 Nr. 3 BGB lediglich zwei Jahre. Bei Bauwerken und Sachen, die entsprechend ihrer üblichen Verwendungsweise für ein Bauwerk verwendet worden sind und dessen Mangelhaftigkeit verursacht haben, beträgt die Frist fünf Jahre (§ 438 Abs. 1 Nr. 2 BGB). Nur kurz erwähnt sei hier die 30-jährige Verjährungsfrist des § 438 Abs. 1 Nr. 1 BGB, die für das Recht auf Reparatur irrelevant ist.[275] Die zweijährige Regelverjährung entspricht der in Art. 10 Abs. 1 Warenkauf-RL vorgesehenen Zeitdauer: Verkäufer müssen danach Verbrauchern gegenüber für jede Vertragswidrigkeit haften, die zum Zeitpunkt der Lieferung der Waren besteht und innerhalb von zwei Jahren nach diesem Zeitpunkt offenbar wird. Die Mitgliedstaaten können jedoch gem. Art. 10 Abs. 3 Warenkauf-RL längere Fristen beibehalten oder einführen als in den Absätzen 1 und 2 vorgesehen. Der deutsche Gesetzgeber hat davon

---

274 Trotz seiner systematischen Stellung kann die Zwei-Jahres-Frist wegen ihrer praktischen Bedeutung und den spezielleren Anknüpfungsvoraussetzungen der Nr. 1 und 2 des § 438 Abs. 1 als Regelverjährung bezeichnet werden, dazu näher BeckOGK/*Arnold*, Stand 01.08.2023, § 438 Rn. 56.
275 Vgl. Arbeitsgruppe „Nachhaltigkeit im Zivilrecht", 25.

nicht Gebrauch gemacht.[276] Die Zweijahresfrist ist kurz – kürzer etwa als die dreijährige Regelverjährungsfrist des deutschen Rechts gem. § 195 BGB. Und vor allem ist der Fristbeginn der kaufrechtlichen Verjährung nicht etwa subjektiv ausgestaltet, wie es bei der Regelverjährung gem. § 199 BGB der Fall ist. Maßgeblich für den Beginn der Verjährungsfrist ist vielmehr in der Regel die Ablieferung der Sache an den Käufer (§ 438 Abs. 2 BGB) – also ein objektiver, für den Verkäufer leicht bestimmbarer Zeitpunkt. Die Verjährung kann also unabhängig von der Käuferkenntnis zu laufen beginnen. Durch den an objektive Umstände anknüpfenden Fristbeginn wird das Interesse der Verkäufer geschützt, die Bücher nach einem kurzem und für sie klar definierbaren Zeitraum endgültig schließen zu können und keine Gewährleistungsansprüche mehr befürchten zu müssen.[277] Selbst wenn dem Käufer also der Nachweis eines Mangels im Zeitpunkt des Gefahrübergangs gelingt, hat er lediglich zwei Jahre ab Ablieferung Zeit, um ein etwaiges „Recht auf Reparatur" geltend zu machen. Dieses Regelungsregime setzt keine Anreize an Hersteller, weniger langlebige Produkte zu generieren und frühzeitige Obsoleszenz zu vermeiden.[278] *Bach* und *Wöbbeking* spitzen zu: „Damit legt die Richtlinie letztlich eine Höchsthaltbarkeitsdauer fest: Länger als zwei Jahre muss kein Produkt halten, auch eine Waschmaschine und ein Auto nicht."[279] Dazu kommt, dass § 477 BGB auch beim Verbrauchsgüterkauf in der Regel nur für das erste Jahr seit Gefahrübergang eine Vermutung dafür schafft, dass ein Mangel schon bei Gefahrübergang vorlag. Das aber ist, wie gesehen, zentrale Haftungsvoraussetzung. Schon nach einem Jahr reduziert sich damit die Aussicht drastisch, ein „Rechts auf Reparatur" im Wege der Nacherfüllung (§§ 437 Nr. 1, 439 Abs. 1 BGB) erfolgreich geltend zu machen. Das deutsche Recht nutzt – im Gegensatz beispielsweise zum niederländischen Recht[280] – nicht

---

276 Vgl. auch *Bach/Wöbbeking*, Das Haltbarkeitserfordernis der Warenkauf-RL als neuer Hebel für mehr Nachhaltigkeit?, NJW 2020, 2672 (2675); *Tonner*, Green Deal und Verbraucherrecht: das Recht auf Reparatur, VuR 2023, 241 (242). S. auch noch unten, F.IV.

277 Näher BeckOGK/*Arnold*, Stand 01.08.2023, § 438 BGB Rn. 2 ff.und Rn. 57.

278 BeckOGK/*Arnold*, Stand 01.08.2023, § 438 BGB Rn. 6.1.

279 *Bach/Wöbbeking*, Das Haltbarkeitserfordernis der Warenkauf-RL als neuer Hebel für mehr Nachhaltigkeit?, NJW 2020, 2672 (2675).

280 *Michel*, Premature Obsolescence (2022), 377. In den Niederlanden gilt eine zweimonatige Rügefrist ab dem Zeitpunkt, zu dem der Käufer die Vertragswidrigkeit feststellt oder vernünftigerweise feststellen könnte. Erst zwei Jahre nach Anzeige des Mangels tritt Verjährung ein.

die von Art. 10 Abs. 3 Warenkauf-RL eröffneten Spielräume für längere Verjährungsfristen.[281]

b) Beweislastumkehr bezüglich des Gefahrübergangs (§ 477 BGB, Art. 11 Warenkauf-RL)

Neben der verkäuferfreundlichen kurzen Regelverjährung wird das gewährleistungsrechtliche Recht auf Reparatur durch die kurze Jahresfrist entwertet, innerhalb derer die Beweislastumkehr des § 477 BGB eingreift. Wie oben ausgeführt, muss die Sache im Zeitpunkt des Gefahrübergangs mangelhaft sein – also regelmäßig im Zeitpunkt der Übergabe der Sache.[282] Wenn eine Sache erst zu einem späteren Zeitpunkt mangelhaft wird, stehen dem Käufer keine Gewährleistungsrechte und damit auch kein „Recht auf Reparatur" nach § 439 BGB zu. Praktisch ist die Geltendmachung des Nacherfüllungsanspruchs meist nur erfolgversprechend, wenn dem Käufer die Beweislast dafür abgenommen ist, dass ein Mangel der Kaufsache schon im Zeitpunkt des Gefahrübergangs vorlag.[283] Beim Verbrauchsgüterkauf ist diese Vermutung in § 477 BGB statuiert, der die Durchsetzung des Nacherfüllungsanspruchs erleichtert: Wenn sich innerhalb eines Jahres seit Gefahrübergang ein Mangel zeigt, wird vermutet, dass die Ware bereits bei Gefahrübergang mangelhaft war – es sei denn, diese Vermutung ist mit der Art der Ware oder des mangelhaften Zustands unvereinbar (wie beispielsweise bei frischen Lebensmitteln, auf denen sich nach mehreren Monaten Schimmel zeigt[284]). § 477 BGB setzt Art. 11 Warenkauf-RL in das deutsche Recht um. Von der gem. Art. 11 Abs. 2 Warenkauf-RL eröffneten Möglichkeit der Mitgliedstaaten, eine Frist von zwei Jahren ab Lieferzeitpunkt vorzusehen, hat Deutschland keinen Gebrauch gemacht. Die Vermu-

---

281 S. auch *Bach/Wöbbeking*, Das Haltbarkeitserfordernis der Warenkauf-RL als neuer Hebel für mehr Nachhaltigkeit?, NJW 2020, 2672 (2675); *Tonner*, Green Deal und Verbraucherrecht: das Recht auf Reparatur, VuR 2023, 241 (242). Dazu noch näher unten, F.IV.3.

282 Das ist für Nachhaltigkeitsaspekte ganz zentral, vgl. *Bach/Wöbbeking*, Das Haltbarkeitserfordernis der Warenkauf-RL als neuer Hebel für mehr Nachhaltigkeit?, NJW 2020, 2672 (2673).

283 *Bach/Wöbbeking*, Das Haltbarkeitserfordernis der Warenkauf-RL als neuer Hebel für mehr Nachhaltigkeit?, NJW 2020, 2672 (2673).

284 Beispiel bei *Bach/Wöbbeking*, Das Haltbarkeitserfordernis der Warenkauf-RL als neuer Hebel für mehr Nachhaltigkeit?, NJW 2020, 2672 (2673).

tung gilt nur innerhalb kurzer Zeiträume: Im Regelfall gem. § 477 Abs. 1 S. 1 BGB innerhalb eines Jahres seit Gefahrübergang. Beim Kauf lebender Tiere gelten sechs Monate ab Gefahrübergang (§ 477 Abs. 1 S. 2 BGB). Und bei Waren mit digitalen Elementen, wenn die dauerhafte Bereitstellung digitaler Elemente vertraglich vereinbart ist, gilt die Vermutung innerhalb zweier Jahre seit Gefahrübergang (§ 477 Abs. 2 BGB). In aller Regel müssen Verbraucherinnen also schon ein Jahr nach Übergabe der Sache den vollen Nachweis dafür erbringen, dass die Sache bereits bei Gefahrübergang mangelhaft war.[285] Dadurch kann in vielen Fällen selbst dann, wenn eine Nacherfüllung an sich durch Reparatur erfolgen müsste, der Anspruch nicht erfolgreich durchgesetzt werden.

c) Ablaufhemmungen für Waren mit digitalen Elementen (§ 475e Abs. 1 und Abs. 2 BGB)

Für Waren mit digitalen Elemente sehen § 475e Abs. 1 und Abs. 2 BGB seit dem 1.1.2022 besondere Ablaufhemmungen für die Verjährung vor. Ohne sie bestünden erhebliche Durchsetzungsdefizite, denn für die kaufrechtliche Regelverjährung (§ 438 Abs. 1 Nr. 3 BGB) ist die „Ablieferung" maßgeblich. Wenn digitale Elemente nach § 475c Abs. 1 S. 1 BGB dauerhaft bereitgestellt werden, verjähren Gewährleistungsansprüche wegen Mangels an den digitalen Elementen nicht vor dem Ablauf von zwölf Monaten nach Ende des Bereitstellungszeitraums (§ 475e Abs. 1 BGB). Ende des Bereitstellungszeitraums ist der Ablauf des Zeitraums, während dessen die digitalen Elemente gem. § 475c Abs. 2 BGB vertragsgemäß sein müssen (also mindestens zwei Jahre).[286] Damit ist bei der Bereitstellung von Waren mit digitalen Elementen ein längerer Haftungszeitraum als zwei Jahre ab Ablieferung denkbar.[287] Das gilt auch für Ansprüche wegen einer Verletzung der Aktualisierungspflicht (nach § 475b Abs. 3 oder Abs. 4 BGB): Solche Ansprüche verjähren gem. § 475e Abs. 1 BGB nicht vor dem Ablauf von

---

285 Kritisch und weiterführend dazu *Bach/Wöbbeking*, Das Haltbarkeitserfordernis der Warenkauf-RL als neuer Hebel für mehr Nachhaltigkeit?, NJW 2020, 2672 (2673); *Bach/Kieninger*, Ökologische Analyse des Zivilrechts, JZ 2021, 1088.

286 BeckOK/*Faust*, Stand 01.08.2023, § 438 BGB Rn. 4.

287 Näher dazu und zur Bestimmung der maßgeblichen Zeiträume *Specht-Riemenschneider/Mehnert*, Updates und das „Recht auf Reparatur", ZfDR 2022, 313; vgl. auch *Atamer*, Nachhaltigkeit und die Rolle des Kaufrechts: Eine rechtsvergleichende Übersicht zu den Regulierungsmöglichkeiten, ZSR 2022, 285 (306 ff.).

zwölf Monaten nach dem Ende des Zeitraums der Aktualisierungspflicht. Der Zeitraum der Aktualisierungspflicht ergibt sich aus dem Vertrag (vgl. § 475b Abs. 3 Nr. 2 BGB) oder den berechtigten Verbrauchererwartungen (vgl. § 475b Abs. 4 Nr. 2 BGB). Auch hier kann es zu Gewährleistungsfristen kommen, die deutlich über die Regelverjährungsfrist hinausgehen. Zur Konkretisierung der berechtigten Verbrauchererwartungen wird überzeugend eine Orientierung am europäischen Ökodesign-Recht vorgeschlagen.[288] Dieses wird im Folgenden vor allem hinsichtlich seiner Bedeutung für das „Recht auf Reparatur" skizziert.

III. Das europäische Ökodesign-Recht

1. Gegenwärtige Rechtslage: Die Ökodesign-RL und Durchführungsverordnungen

Die vertragsrechtlichen Regeln zum „Recht auf Reparatur" werden schon heute durch Regelungen des europäischen Ökodesign-Rechts ergänzt. Damit sind die Ökodesign-RL sowie eine Reihe von Durchführungsverordnungen gemeint, die für einzelne Produktgruppen gelten und aus denen sich die konkreten Ökodesign-Anforderungen ergeben.[289] Das Ökodesign von Waren ist für die Reparierbarkeit von Waren entscheidend.[290] Das „Recht auf Reparatur" läuft leer, wenn Reparaturbetriebe und Verbraucherinnen keinen effektiven Zugriff auf Ersatzteile, Reparaturanleitungen, Diagnose-Tools und Reparatur-Fachkenntnisse erhalten.[291] Das europäische Ökodesign-Recht sieht für bestimmte Produkte eine reparaturfreundlichere Produktentwicklung vor („Reparierbarkeit by design").[292] Fünf der seit 1.3.2021 anwendbaren Durchführungsverordnungen beinhalten „Ressourceneffizienzanforderungen", die die jeweiligen Produkte leichter reparierbar

---

288 *Specht-Riemenschneider/Mehnert*, Updates und das „Recht auf Reparatur", ZfDR 2022, 313.
289 *Kieninger*, Recht auf Reparatur („Right to Repair") und Europäisches Vertragsrecht, ZEuP 2020, 264 (269 ff.).
290 Vgl. schon oben, B.
291 Vgl. *Micklitz/Mehnert/Specht-Riemenschneider/Liedtke/Kenning*, Recht auf Reparatur (2022), 37.
292 Vgl. *Micklitz/Mehnert/Specht-Riemenschneider/Liedtke/Kenning*, Recht auf Reparatur (2022), 38 f.

machen.[293] Erfasst sind Waschmaschinen, Geschirrspüler, Kühlschränke, elektronische Displays und Server. *Wormit* betont zurecht den Bezug der Ressourceneffizienzanforderungen zur Reparatur:

> „Wollte man die neuerlichen ‚Ressourceneffizienzanforderungen' (…) mit einem Slogan versehen, so könnte dieser lauten: ‚Ressourceneffizienz durch Reparatur'".[294]

Beispielsweise müssen Hersteller bzw. Importeure von Haushaltsgeschirrspülern mindestens sieben Jahre nach Inverkehrbringen des letzten Exemplars eines Modells bestimmte Ersatzteile zur Verfügung stellen – teils nur gewerblichen Reparateuren, teils aber auch Nutzern.[295] Darüber hinaus müssen Ersatzteile und Bestellverfahren auf einer frei zugänglichen Website des Herstellers oder Importeurs öffentlich verfügbar sein – und zwar spätestens zwei Jahre nach dem Inverkehrbringen des ersten Exemplars eines Modells bis zum Ende des Verfügbarkeitszeitraums der Ersatzteile. Manche Ersatzteile und das Bestellverfahren sowie Reparaturanleitungen müssen schon ab dem Zeitpunkt des Inverkehrbringens des ersten Modellexemplars verfügbar sein. Auch werden Höchstlieferzeiten von Ersatzteilen festgelegt und Zugangsregeln für Reparatur- und Wartungsinformationen geschaffen. Zudem müssen die Hersteller oder Importeure sicherstellen, dass die Ersatzteile mit allgemein verfügbaren Werkzeugen und ohne dauerhafte Beschädigung am Gerät ausgewechselt werden können. Vorgaben dieser Art sind für das „Recht auf Reparatur" gerade auch in der Perspektive des Handwerks ganz entscheidend. Sie können dazu beitragen, wesentliche Ursachen frühzeitiger Obsoleszenz zu beseitigen, und sind zugleich darauf ausgerichtet, Reparaturen durch unabhängige Reparaturbetriebe zu erleichtern.[296] Die Sanktionierung des europäischen Ökodesign-Rechts erfolgt im Wesentlichen über das Marktaufsichtsrecht.[297]

---

293 Anschaulich dargestellt etwa bei *Wormit*, Europäisches Produktrecht im Zeichen der Ressourceneffizienz, EuZW 2021, 873.

294 *Wormit*, Europäisches Produktrecht im Zeichen der Ressourceneffizienz, EuZW 2021, 873 (876).

295 Vgl. zu Einzelheiten VO 2019/2022 (EU), Anhang II Nr. 5.

296 Vgl. insoweit schon oben, B.II. und B.III.

297 *Kieninger*, Recht auf Reparatur („Right to Repair") und Europäisches Vertragsrecht, ZEuP 2020, 264 (271 ff.), auch mit Hinweis auf das Potenzial ergänzender zivilrechtlicher Durchsetzungsmechanismen.

2. Kommissionvorschlag für eine neue Ökodesign-VO (Ökodesign-VO-E)

Nach dem Ökodesign-VO-E 2022[298] der Kommission könnten Ressourceneffizienzanforderungen ausgeweitet und das Recht auf Reparatur zusätzlich in anderen Hinsichten gestärkt werden.[299] Der produktbezogene Ansatz soll zwar bestehen bleiben, allerdings könnten künftig deutlich mehr Produktgruppen erfasst und die konkreten Designanforderungen erhöht werden, um nachhaltiges Produktdesign gerade auch mit Blick auf die Reparierbarkeit von Produkten zu stärken.[300] Der Kommission soll der Erlass delegierter Regelungswerke ermöglicht werden, die einzelne oder auch verwandte Produktgruppen betreffen.[301] Nach dem vom Europäischen Parlament (Berichterstatterin *Moratti*) vorgeschlagenen Änderungen[302] soll eine künftige Ökodesign-VO ausdrücklich Maßnahmen gegen das oben beschriebene Haupthindernis für das „Recht auf Reparatur" treffen können, nämlich die frühzeitige Obsoleszenz.[303] Das ist vor allem deshalb relevant, weil das von der EU-Kommission vorgeschlagene „Recht auf Reparatur" (naturgemäß) ausgeschlossen ist, wenn die Reparatur technisch unmöglich ist. Wenn Ökodesignanforderungen jedoch die Reparierbarkeit von Produkten vorsehen, werden Reparaturen seltener technisch unmöglich

---

298 COM(2022) 142 final. Dazu etwa *Wende*, Sustainability by Design? – Nachhaltigkeitsaspekte im europäischen Produktrecht, ZfPC 2022, 165 sowie noch näher unten, D.III.2.

299 Dazu *Victor Mehnert*, Reparaturen für alle? – Rechtliche Perspektiven des „Right to repair", ZRP 2023, 9; *Micklitz/Mehnert/Specht-Riemenschneider/Liedtke/Kenning*, Recht auf Reparatur (2022), 36 ff.

300 Instruktiv auch zu möglichen vom Europäischen Parlament anvisierten Verschärfungen *Burchert/Weber*, EU-Ökodesign-Verordnung – Verschärfungen durch das Europäische Parlament?, Zeitschrift für nachhaltige Unternehmensführung (ESG) 2023, 104.

301 *Micklitz/Mehnert/Specht-Riemenschneider/Liedtke/Kenning*, Recht auf Reparatur (2022), 39 f.; zu Einzelheiten *Wende*, Sustainability by Design? – Nachhaltigkeitsaspekte im europäischen Produktrecht, ZfPC 2022, 165.

302 Draft Report on the proposal for a regulation of the European Parliament and of the Council establishing a framework for setting eco-design requirements for sustainable products and repealing Directive 2009/125/EC (COM(2022)0142 – C9-0132/2022 – 2022/0095(COD)).

303 Dazu kritisch *Burchert/Weber*, EU-Ökodesign-Verordnung – Verschärfungen durch das Europäische Parlament?, Zeitschrift für nachhaltige Unternehmensführung (ESG) 2023, 104 (107).

sein.[304] Der Verordnungsvorschlag sieht zudem die Einführung eines digitalen Produktpasses vor.[305] Er soll Zugang zu Informationen enthalten, die für Reparaturen essenziell sind, insbesondere über die Reparierbarkeit und die Verfügbarkeit von Ersatzteilen. Das ist auch für die Gewährleistungshaftung und den Verkäuferregress relevant, denn die fehlende Reparierbarkeit von Produkten kann künftig in vielen Fällen einen Sachmangel begründen.[306] Mittelbar dürfte auch die Verschärfung des Warenvernichtungsverbots einen positiven Einfluss auf die Reparierbarkeit von Produkten haben – jedenfalls dann, wenn insoweit die Vorschläge des Europäischen Parlaments (Berichterstatterin *Moratti*)[307] umgesetzt werden.[308] Wenn Unternehmen unverkaufte, mangelhafte oder zurückgegebene Waren nicht einfach vernichten können, werden sie, so die Überlegung, deren nachhaltige Weiterverwendung der Lagerung eher ökonomisch sinnvoll vorziehen und sie zu diesem Zweck in manchen Fällen auch reparieren. Der Vorschlag der Kommission enthält keine Regelung hinsichtlich der Preise für Ersatzteile. Lediglich die Preis für den Zugang zu Reparatur- und Wartungsinformationen sowie die Bereitstellung von Aktualisierungen sollen reguliert werden.[309] Der Kommissionsvorschlag sieht Lieferungs- und Informationspflichten gegenüber fachlich kompetenten Reparateuren vor. Nur in geringem Ausmaß sollen entsprechende Pflichten gegenüber Verbraucherinnen bestehen. Das ist zwar für das Handwerk auf den ersten Blick irrelevant, für private Reparaturinitiativen und das „Recht auf Eigenreparatur" jedoch nachteilig.[310] Letztlich könnte sich die Ausdehnung des Zugangs zu Reparatur- und Wartungsinformationen auch für das Handwerk mittelbar vorteil-

---

304 Vgl. *Burchert/Weber*, EU-Ökodesign-Verordnung – Verschärfungen durch das Europäische Parlament?, Zeitschrift für nachhaltige Unternehmensführung (ESG) 2023, 104 (107).

305 Dazu *Wende*, Sustainability by Design? – Nachhaltigkeitsaspekte im europäischen Produktrecht, ZfPC 2022, 165 (169 f.).

306 S. oben, D.II.2.c).

307 Draft Report on the proposal for a regulation of the European Parliament and of the Council establishing a framework for setting eco-design requirements for sustainable products and repealing Directive 2009/125/EC (COM(2022)0142 – C9-0132/2022 – 2022/0095(COD)).

308 Vgl. dazu *Burchert/Weber*, EU-Ökodesign-Verordnung – Verschärfungen durch das Europäische Parlament?, Zeitschrift für nachhaltige Unternehmensführung (ESG) 2023, 104 (109 f.).

309 Kritisch und instruktiv dazu *Micklitz/Mehnert/Specht-Riemenschneider/Liedtke/Kenning*, Recht auf Reparatur (2022), 41.

310 Kritisch *Micklitz/Mehnert/Specht-Riemenschneider/Liedtke/Kenning*, Recht auf Reparatur (2022), 42.

haft auswirken: Eine reparaturfreundliche Kultur und Gesellschaft kann zu einem höheren Ansehen der handwerklichen Tätigkeit führen. Zudem können Aktivitäten von Reparaturinitiativen Aufträge von Handwerksbetrieben generieren, beispielsweise dann, wenn die Reparaturversuche der Initiativen scheitern.

IV. Zwischenfazit

Das geltende Recht sieht außerhalb des kaufrechtlichen Nacherfüllungsanspruchs kein „Recht auf Reparatur" vor, sondern beinhaltet lediglich die soeben überblicksartig dargestellten punktuellen Regulierungsansätze. Pflichten von Herstellern, Lieferanten oder Verkäufern zur Bereithaltung von Ersatzteilen, Reparaturanleitungen und Knowhow gibt es ebenfalls nur im Rahmen dieser Ansätze; immerhin wird die Nutzungsmöglichkeit bei digitalen Produkten bzw. bei Waren mit digitalen Elementen durch Aktualisierungspflichten für einen gewissen Zeitraum sichergestellt. Die Hauptprobleme frühzeitiger Obsoleszenz, wie sie oben identifiziert wurden, werden im geltenden Recht kaum adressiert. Vielmehr schafft das gegenwärtige Vertragsrecht an vielen Stellschrauben Anreize zu nachhaltigkeitsfeindlichen Verhaltensmustern und Unternehmensstrategien. Vor diesem Hintergrund ist die Initiative der Kommission zu begrüßen, Reparaturen zu fördern.

E. Der Vorschlag einer Richtlinie über die Förderung der Reparatur von Waren vom 22.3.2023

I. Einführung

1. Überblick

Am 22.3.2023 hat die Kommission einen Vorschlag für eine Richtlinie über gemeinsame Vorschriften zur Förderung der Reparatur von Waren und zur Änderung der Verordnung (EU) 2017/2394 und der Richtlinien (EU) 2019/771 und (EU) 2020/1828 vorgelegt.[311] Der Kommissionsvorschlag wurde mit der Initiative „Nachhaltiger Konsum von Gütern – Förderung von Reparatur und Wiederverwendung"[312] vorbereitet, greift jedoch überraschend wenige Regulierungsideen auf, die in der Initiative erörtert wurden.[313] Mit dem Vorschlag will die Kommission nachhaltigeres Konsumentenverhalten fördern. Das Rechtsbehelfssystem der Warenkauf-RL soll minimal geändert werden: Die Ersatzlieferung wird als Abhilfe von Vertragswidrigkeiten ausgeschlossen, wenn sie nicht kostengünstiger als die Reparatur ist. Außerhalb des Gewährleistungsrechts schlägt die Kommission ein „Recht auf Reparatur" im engeren Sinne vor: Verbraucherinnen sollen auch

---

311 Kommissionsvorschlag, COM(2023) 155 final; dazu *Seitz*, Das Recht auf Reparatur – Balanceakt zwischen Ressourcenschutz und ausufernder Herstellerhaftung, GWR 2023, 150; *Augenhofer/Küter*, Recht auf oder Pflicht zur Reparatur? – Gedanken zum Vorschlag für eine RL über gemeinsame Vorschriften zur Förderung der Reparatur von Waren, VuR 2023, 243. Der Vorschlag sieht Änderungen in folgenden Rechtsakten vor: VO 2017/2394 vom 12. Dezember 2017 über die Zusammenarbeit zwischen den für die Durchsetzung der Verbraucherschutzgesetze zuständigen nationalen Behörden und zur Aufhebung der Verordnung (EG) Nr. 2006/2004; RL (EU) 2019/771 vom 20. Mai 2019 über bestimmte vertragsrechtliche Aspekte des Warenkaufs, zur Änderung der Verordnung (EU) 2017/2394 und der Richtlinie 2009/22/EG sowie zur Aufhebung der Richtlinie 1999/44/EG (Warenkauf-RL); RL (EU) 2020/1828 vom 25. November 2020 über Verbandsklagen zum Schutz der Kollektivinteressen der Verbraucher und zur Aufhebung der Richtlinie 2009/22/EG (Verbandsklage-RL).

312 Vgl. zur Initiative schon oben, A.II.2.

313 Kritisch zum Vorschlag vor allem in der Perspektive der Verbraucher *Augenhofer/Küter*, Recht auf oder Pflicht zur Reparatur? – Gedanken zum Vorschlag für eine RL über gemeinsame Vorschriften zur Förderung der Reparatur von Waren, VuR 2023, 243.

nach Ablauf der Gewährleistungsfrist Hersteller auf Reparatur in Anspruch nehmen können. Zudem wird eine Online-Plattform vorgeschlagen, die die Suche nach Reparaturbetrieben erleichtern soll. Dazu treten Verpflichtungen der Reparaturbetriebe, auf Anfrage einen Kostenvoranschlag zum Preis und den Reparaturbedingungen in standardisierter Form zu erstellen (Europäisches Formular für Reparaturinformationen). Hersteller sollen über ihre Verpflichtungen zur Reparatur informieren müssen. Darüber hinaus wird ein freiwilliger EU-Standard für eine „einfache Reparatur" vorgeschlagen (europäischer Standard für Reparaturdienstleistungen).

2. Der Vorschlag im Kontext des europäischen *Green Deal*

Der Kommissionsvorschlag steht in engem Zusammenhang mit einer Reihe anderer Regelungen im Kontext des europäischen *Green Deal*[314]. Zunächst ergänzt der Vorschlag die Ökodesign-RL, die eine bessere Reparierbarkeit schon in der Design- und Produktionsphase sicherstellen soll.[315] Er hängt zudem mit dem oben skizzierten Vorschlag vom 22.3.2022 für eine Ökodesign-VO zusammen.[316] Schließlich wird der Kommissionsvorschlag von dem Vorschlag für eine Richtlinie zur Änderung der Richtlinien 2005/29/EG und 2011/83/EU hinsichtlich der Stärkung der Verbraucher für den ökologischen Wandel durch besseren Schutz gegen unlautere Praktiken[317] ergänzt: Durch diesen sollen Verbraucherinnen unter anderem vor „Greenwashing" geschützt werden. Der Schwerpunkt des Kommissionsvorschlags liegt in der Nutzungsphase der von Verbraucherinnen gekauften Waren.[318] So ergänzen sich der Kommission zufolge die drei Initiativen

---

314 Insbesondere: Mitteilung der Kommission vom 11.12.2019 – Der europäische grüne Deal, COM(2019) 640 final; zu weiteren Mitteilungen und Aktivitäten auf europäischer Ebene, die in ihrer Gesamtheit als *Green Deal* diskutiert werden vgl. *Burgi*, Klimaverwaltungsrecht angesichts von BVerfG-Klimabeschluss und European Green Deal, NVwZ 2021, 1401.

315 Dazu etwa *Specht-Riemenschneider/ Mehnert*, Updates und das „Recht auf Reparatur" , ZfDR 2022, S. 313 (322 ff.). Einzelheiten oben, A.II.1. und D.III.

316 Vgl. Kommissionsvorschlag COM(2023) 155 final, EG 4 und 6, sowie *Micklitz/Mehnert/Specht-Riemenschneider/Liedtke/Kenning*, Recht auf Reparatur (2022), 31. Zu den geplanten Neuerungen im Ökodesign-Recht vgl. *Wende*, Sustainability by Design? – Nachhaltigkeitsaspekte im europäischen Produktrecht, ZfPC 2022, 165 sowie *Specht-Riemenschneider/Mehnert*, Updates und das „Recht auf Reparatur", ZfDR 2022, 313 (322 ff.).

317 Com (2022) 143 final vom 30.3.2022.

318 Vgl. zu den verschiedenen für die Reparatur relevanten Produktphasen oben, B.

(Ökodesign – Stärkung der Verbraucher – Recht auf Reparatur) und erstellen „ein umfassendes Konzept für das gemeinsame Ziel eines nachhaltigen Verbrauchs"[319], indem der gesamte Lebenszyklus eines Produkts abgedeckt wird. Darüber hinaus besteht ein Konnex zum Vorschlag für eine Verordnung über harmonisierte Vorschriften für einen fairen Datenzugang und eine faire Datennutzung (Datengesetz).[320] Datenzugangsrechte spielen bei vernetzten Produkten auch aus Sicht von Handwerksbetrieben eine wichtige Rolle.[321]

3. Ziele

Wie soeben erläutert, gehört der Richtlinienvorschlag zum europäischen *Green Deal* und verfolgt ganz allgemein gesprochen das Ziel eines nachhaltigen Verbrauchs.[322] Im Rahmen des Richtlinienvorschlags soll dies dadurch erreicht werden, dass brauchbare defekte Konsumgüter innerhalb und außerhalb der gesetzlichen Garantie vermehrt repariert und dann wieder verwendet werden. Im Einzelnen sind die von der Kommission anvisierten Ziele vielschichtig und ambitioniert.[323] Das Abfallaufkommen soll verringert werden, zudem sollen Ressourcen gespart werden, die im Herstellungsverfahren und im Rahmen der Ersatzlieferung anfallen.[324] Ein weiteres Ziel liegt in der Verringerung der Treibhausgasemissionen.[325] Die CO_2-Einsparung soll allerdings lediglich 18,4 Mio. Tonnen CO_2 über 15 Jahre betragen. Das ist freilich nicht sehr viel, wenn man bedenkt, dass allein Deutschland im Jahr 2022 666 Mio. Tonnen CO_2 emittierte.[326] Verbraucherinnen sollen Waren einfacher und kostengünstiger reparieren lassen können, so dass die vorzeitige Entsorgung brauchbarer Waren verringert wird. Verbraucher sollen motiviert werden, ihre Waren länger zu

---

319 Kommissionsvorschlag, COM(2023) 155 final.
320 COM(2022) 68 final.
321 *Mehnert*, Reparaturen für alle? – Rechtliche Perspektiven des „Right to repair", ZRP 2023, 9 (11).
322 Kommissionsvorschlag, COM(2023) 155 final, EG 1. Zum Nachhaltigkeitsbegriff oben A.I.
323 Vgl. zu den Zielen auch einführend *Seitz*, Das Recht auf Reparatur – Balanceakt zwischen Ressourcenschutz und ausufernder Herstellerhaftung, GWR 2023, 150.
324 Kommissionsvorschlag, COM(2023) 155 final, EG 3.
325 Kommissionsvorschlag, COM(2023) 155 final, EG 3.
326 *Umweltbundesamt*, Berechnung der Treibhausgasemissionsdaten für das Jahr 2022 gemäß Bundesklimchutzgesetz, Begleitender Bericht, Kurzfassung vom 15. März 2023.

nutzen.[327] Zudem sollen die Nachfrage am Reparaturmarkt gesteigert[328] und Anreize für nachhaltige Geschäftsmodelle gesetzt werden.[329] Dabei geht es der Kommission auch darum, im Reparatursektor mehr Beschäftigung, Investitionen und Wettbewerb zu erreichen.[330] Das ist für das Handwerk besonders relevant. Profitieren sollen insbesondere unabhängige Reparaturbetriebe – einschließlich kleinerer und mittlerer Unternehmen.[331] Die Kommission sieht Unternehmen allerdings auch durch Verluste wegen entgangener Verkäufe und geringerer Neuproduktion belastet. Das könne indes aus volklswirtschaftlicher Sicht durch erhebliche Verbrauchereinsparungen ausgeglichen werden.[332] Diese Einsparungen (176,5 Mrd. Euro über 15 Jahre) können Verbraucherinnen der Kommission zufolge auch wieder wirtschaftlich wachstumsfördernd investieren.

4. Rechtsgrundlage: Art. 114 AEUV (Binnenmarktharmonisierung)

Die Richtlinie soll wie auch die Warenkauf-RL auf Art. 114 AEUV gestützt werden, ist also als Maßnahme der Rechtsangleichung im Binnenmarkt konzipiert. Das ist für die vorgesehene Änderung der Warenkauf-RL konsequent. Im Übrigen würden unterschiedliche nationale Regelungen zum Recht auf Reparatur für Reparaturbetriebe, die ihre Leistungen nicht nur in einem europäischen Land anbieten, einen erhöhten Aufwand bedeuten.[333] Einheitliche Regelungen ermöglichen den Betrieben, für ihre Tätigkeit innerhalb der Europäischen Union ihre Reparaturverträge weitgehend zu standardisieren. Das kann einen Beitrag dazu leisten, die Transaktionskosten der Betriebe zu senken, wovon auch das Handwerk profitieren kann. Eine einheitliche Marktpraxis ist zudem für Verbraucherinnen vorteilhaft. Sie ermöglicht ihnen, Reparaturen verstärkt auch grenzüberschreitend in Anspruch zu nehmen.[334] In der Praxis wird dies wohl vor allem in Grenzregionen relevant werden. Zudem könnten künftig Fernreparaturen teilweise zunehmen – beispielsweise bei Waren mit digitalen Funktionen. Das mit

---

327 Kommissionsvorschlag, COM(2023) 155 final, EG 3.
328 Vgl. Kommissionsvorschlag, COM(2023) 155 final, EG 16.
329 Vgl. Kommissionsvorschlag, COM(2023) 155 final, EG 12.
330 Kommissionsvorschlag, COM(2023) 155 final, 9.
331 Kommissionsvorschlag, COM(2023) 155 final, 9.
332 Kommissionsvorschlag, COM(2023) 155 final, 9.
333 Kommissionsvorschlag, COM(2023) 155 final, EG 2.
334 Kommissionsvorschlag, COM(2023) 155 final, EG 2.

der Richtlinie verfolgte Ziel, die Kreislaufwirtschaft und den grünen Wandel zu fördern, steht im Einklang mit dem hohen Umweltschutzniveau, von dem die Kommission in ihren Vorschlägen gem. Art. 114 Abs. 3 AEUV ausgeht. Der Subsidiaritätsgrundsatz steht dem Erlass der vorgeschlagenen Richtlinie jedenfalls nach Auffassung der Kommission nicht entgegen.[335] Für die vorgesehene Ergänzung der Warenkauf-RL ist das ohne Weiteres plausibel, letztlich aber auch bei einer Gesamtbetrachtung: Die Kommission argumentiert, dass unterschiedliche Fördermaßnahmen innerhalb der europäischen Union eine kaum wünschenswerte Fragmentierung nach sich ziehen könnten.[336] Dem könnte zwar entgegengehalten werden, dass die Mitgliedstaaten auch durch unterschiedliche Gestaltungen des „Rechts auf Reparatur" in einen Wettbewerb um das reparaturfreundlichste Privatrecht treten könnten. Allerdings fehlt bislang ein solcher Wettbewerb in nennenswertem Umfang. Und vor allem können die Mitgliedsstaaten außerhalb des harmonisierten Bereichs durch ergänzende Maßnahmen tätig werden.[337] Vor diesem Hintergrund kann eine auf Art. 114 AEUV gestützte Maßnahme die Förderung von Reparaturen innerhalb der gesamten Union vorantreiben.

5. Allgemeine Bestimmungen des Richtlinienvorschlags

a) Gegenstand, Begriffsbestimmungen und Geltungsbereich (Art. 1)

Gem. Art. 1 Abs. 1 soll die Richtlinie gemeinsame Vorschriften zur Förderung der Reparatur von Waren festlegen, um zum reibungslosen Funktionieren des Binnenmarkts beizutragen und gleichzeitig ein hohes Verbraucher- und Umweltschutzniveau zu gewährleisten. Grundsätzlich sind alle Waren erfasst, allerdings betrifft das neue „Recht auf Reparatur" außerhalb der gesetzlichen Gewährleistung nach dem Kommissionsvorschlag nur die in Anhang II erfassten Waren, für die Anforderungen an die Reparierbarkeit nach europäischem Recht bestehen.[338] Auch besteht die

---

335 Kommissionsvorschlag, COM(2023) 155 final, EG 32.
336 Kommissionsvorschlag, COM(2023) 155 final, EG 32.
337 Zu denkbaren Regulierungsoptionen unten, F. und G.
338 Etwas irreführend insofern *Seitz*, Das Recht auf Reparatur – Balanceakt zwischen Ressourcenschutz und ausufernder Herstellerhaftung, GWR 2023, 150: „Das sog. „Recht auf Reparatur" soll nach dem Vorschlag der EU nicht danach differenzieren, ob die Produkte noch der gesetzlichen Gewährleistung unterliegen oder nicht.

Reparaturpflicht nur, soweit die Reparierbarkeit im europäischen Recht vorgesehen ist. Dagegen schlägt der Ausschuss für Binnenmarkt und Verbraucherschutz (IMCO, Berichterstatter: *René Repasi*) in seinem Berichtsentwurf vor, die in Anhang II aufgeführten Produktkataloge zu erweitern (insbesondere um Kraftfahrzeuge, Fahrräder und Batterien) und die Reparaturpflicht nicht nach den Vorgaben des europäischen Ökodesign-Rechts zur Reparierbarkeit zu begrenzen.[339] Nach Art. 1 Abs. 2 soll die Richtlinie nur für die Reparatur von Waren gelten, die Verbraucher erworben haben und im Falle eines Mangels an den Waren, der außerhalb der Verkäuferhaftung nach der Warenkauf-RL eintritt oder offenbar wird. Damit sind einerseits Mängel erfasst, die erst nach Warenlieferung entstehen, beispielsweise durch Beschädigungen oder Verschleiß. Andererseits sind Mängel erfasst, die zwar schon bei Lieferung bestanden, die der Verbraucher aber erst nach Ablauf der Haftungsfrist beheben möchte oder die erst nach dieser Zeit offenbar werden. Überraschend ist, dass Art. 1 Abs. 2 Mängel innerhalb der gesetzlichen Gewährleistung nicht ausdrücklich anspricht: Denn der Richtlinienvorschlag modifiziert ja auch Art. 13 Warenkauf-RL, um die Reparatur gegenüber der Ersatzlieferung zu stärken. Insofern sind auch Waren betroffen, deren Mangel *innerhalb* der Verkäuferhaftung nach der Warenkauf-RL eintritt oder offenbar wird.

b) Umsetzung und Verbandsklagen-RL (Artt. 13 ff.)

Gem. Art. 17 sollen die Mitgliedstaaten die Richtlinie spätestens 24 Monate nach deren Inkrafttreten umsetzen. Zudem sollen die wesentlichen Normen gem. Art. 16 Abs. 1 erst bei Verträgen über Reparaturdienstleistungen anwendbar sein, die 24 Monate nach Inkrafttreten des Vorschlags oder

---

Das Recht auf Reparatur besteht daher sowohl innerhalb als auch außerhalb der gesetzlichen Gewährleistung." Der Vorschlag differenziert aber im Einzelnen durchaus bei den konkreten Regelungen zur Reparatur innerhalb und außerhalb der Gewährleistungsfristen. Das neu eingeführte „Recht auf Reparatur" im engeren Sinn besteht außerhalb des Gewährleistungszeitraums und ist auch – jedenfalls nach dem Kommissionsvorschlag – hinsichtlich der erfassten Waren eingeschränkt.

339 IMCO, Berichtsentwurf vom 26.6.2023, 2023/0083(COD), https://www.europarl .europa.eu/doceo/document/IMCO-PR-749950_DE.html, Änderungsantrag 27 und Änderungsanträge 57-70 (Änderungen zu Anhang II). Der *Verbraucherzentrale Bundesverband* schlägt eine Ausdehnung auf alle energieverbrauchsrelevanten Produkte, Spielzeug, Textilien, Möbel, Freizeit- und Sportprodukte vor, Stellungnahme 2023, 6..

später abgeschlossen wurden. Der IMCO schlägt eine Umsetzung binnen 12 Monaten vor.[340]

Die Richtlinie soll gem. Art. 13 in Anhang I der Verbandsklagen-RL[341] aufgenommen werden, so dass gem. Art. 2 Verbandsklagen-RL unternehmerische Verstöße gegen die Richtlinie bzw. deren Umsetzungsvorschriften von Verbraucherschutzverbänden moniert werden können, wenn die Rechtsverstöße Kollektivinteressen der Verbraucher beeinträchtigen oder zu beeinträchtigen drohen.[342] Gem. Art. 14 des Vorschlags soll auch eine Aufnahme in den Anhang der Verordnung über die Zusammenarbeit im Verbraucherschutz erfolgen.[343]

c) Begriffsbestimmungen

Art. 2 enthält die im Europäischen Recht üblichen Begriffsbestimmungen für zentrale Begriffe wie „Verbraucher", „Reparaturbetrieb", „Verkäufer" oder „Hersteller". Für die Begriffe „Verbraucher", „Verkäufer" und „Waren" sollen Definitionen der Warenkauf-RL gelten. Das ist deshalb nicht unproblematisch, weil die Warenkauf-RL einen geschäftsbezogenen Verbraucherbegriff vorsieht: Entscheidend sind die Zwecke, zu denen eine Person handelt, wenn sie eine Ware kauft.[344] Soll nun für die Verbrauchereigenschaft im Rahmen von Rechtsgeschäften, die zum Zweck einer Reparatur abgeschlossen werden, der ursprüngliche Kaufvertrag maßgeblich sein? Daran könnte man jedenfalls für diejenigen Regelungen denken, die die Warenkauf-RL ergänzen. Andererseits kommt der Reparaturvertrag selbst in Betracht, den eine Person mit einem Reparaturbetrieb schließt. Dann kann – etwa, wenn eine Unternehmerin einen ursprünglich geschäftlich genutzten Gegenstand aussondert – die Verbrauchereigenschaft für das Reparaturgeschäft bejaht werden, selbst wenn der ursprüngliche Vertrag nicht in Verbrauchereigenschaft geschlossen wurde. Insoweit greift der Rückgriff auf die Definition des Verbrauchers durch die Warenkauf-RL an dieser Stelle

340 IMCO, Berichtsentwurf vom 26.6.2023, 2023/0083(COD), Änderungsanträge 20, 55 und 56.
341 RL (EU) 2020/1828 (Verbandsklagen-RL).
342 Dazu *Augenhofer/Küter*, Recht auf oder Pflicht zur Reparatur? – Gedanken zum Vorschlag für eine RL über gemeinsame Vorschriften zur Förderung der Reparatur von Waren, VuR 2023, 243 (252).
343 VO (EU) 2017/2394 (Zusammenarbeit im Verbraucherschutz-VO 2017).
344 Vgl. *Arnold/Bydlinski*, BGB – Schuldrecht Allgemeiner Teil (2020), Rn. 848.

zu kurz. Eine eigenständige Definition ist dagegen in Art. 2 Nr. 2 für den Terminus „Reparaturbetrieb" vorgesehen. Erfasst ist „jede natürliche oder juristische Person, die im Zusammenhang mit ihrer gewerblichen, geschäftlichen, handwerklichen oder beruflichen Tätigkeit eine Reparaturdienstleistung erbringt, einschließlich Hersteller und Verkäufer, die Reparaturdienstleistungen erbringen, sowie Reparaturdienstleister, unabhängig davon, ob sie selbständig oder mit diesen Herstellern oder Verkäufern verbunden sind." Handwerkliche Tätigkeiten sind ausdrücklich genannt. Sie dürften regelmäßig mit gewerblichen, geschäftlichen und/oder beruflichen Tätigkeiten einhergehen. Indem die handwerkliche Tätigkeit eigens aufgeführt ist, könnten auch private Reparaturinitiativen erfasst sein. Wenn eine Handwerkerin sich jedoch in ihrer Freizeit ehrenamtlich oder privat in einem Reparaturcafé engagiert, sollte sie nicht als „Reparaturbetrieb" angesehen werden. Erfasst sind jedenfalls auch Hersteller und Verkäufer, die Reparaturdienstleistungen erbringen. Für weitere Begriffe („Hersteller", „Bevollmächtigter", „Importeur", „Vertreiber", „Waren" und „Überholung") verweist Art. 2 auf die jeweilige Definition der Ökodesign-RL, wodurch die enge Verzahnung des Vorschlags mit dem europäischen Ökodesignrecht zum Ausdruck kommt. Gleiches gilt für den Begriff „Anforderungen an die Reparierbarkeit": Hier bezieht sich der Vorschlag auf die in Anhang II aufgeführten Rechtsakte der Union.[345] Diese Rechtsakte des europäischen Ökodesign-Rechts legen die Anforderungen fest, die die Reparatur eines Produkts ermöglichen (Ressourceneffizienzanforderungen).[346]

d) Vollharmonisierungscharakter (Art. 3)

Art. 3 zufolge sollen die Mitgliedstaaten keine von dieser Richtlinie abweichenden innerstaatlichen Rechtsvorschriften beibehalten oder einführen dürfen. Die Richtlinie ist also vollharmonisierend. Das entspricht seit einigen Jahren dem Trend im Europäischen Privatrecht. Die Vollharmonisierung bietet zweifellos Vorteile: Unternehmen, die in verschiedenen Mitgliedsstaaten tätig sind, können sich auf ein – jedenfalls im harmonisierten Bereich – einheitliches Regelungsregime verlassen und ihren Aufwand zur Anpassung von Verträgen und Abläufen minimieren. Auch Verbrauche-

---

345 Abweichend allerdings IMCO, Berichtsentwurf vom 26.6.2023, 2023/0083(COD), in dem eine eigenständige Auflistung vorgeschlagen wird, Änderungsanträge 57-70.
346 Vgl. näher oben, D.III.

rinnen profitieren, weil sie sich weniger auf unterschiedliche Regelungen einstellen müssen, wenn sie in anderen Mitgliedstaaten Geschäfte tätigen. Freilich hat die Vollharmonisierung auch Nachteile. So bietet ein Wettbewerb zwischen den Mitgliedstaaten um die besten Regelungskonzepte Chancen. Ein solcher Wettbewerb könnte durch eine Mindestharmonisierung angekurbelt werden. Indes verbliebe auch bei einer vollharmonisierenden Maßnahme wohl ausreichend Raum für einen entsprechenden Wettbewerb. Denn der Anwendungsbereich der Richtlinie ist eng. Bei Maßnahmen außerhalb des harmonisierten Bereichs besteht ausreichend Spielraum für die Mitgliedstaaten, die Nachhaltigkeitsziele noch effektiver zu verwirklichen.[347] Im Einzelnen können sich freilich Unsicherheiten über die Reichweite der Vollharmonisierung ergeben. Von der Richtlinie nicht erfasst sind Verträge im unternehmerischen Bereich (b2b) sowie Verträge zwischen Verbrauchern (c2c). Die Mitgliedstaaten können insoweit eigenständig Regelungen treffen. Eine effektive Vorgehensweise zur Erreichung von Nachhaltigkeitszielen könnte darin liegen, künftige Änderungen der Warenkauf-RL überschießend auch für Verträge zwischen Unternehmen (b2b) sowie zwischen Verbrauchern (c2c) umzusetzen.

e) Durchsetzung, Verbraucherinformationen und zwingender Charakter

Artt. 8-11 des Vorschlags regeln die Durchsetzung, Verbraucherinformationen, Sanktionen und den zwingenden Charakter der Normen.

Gem. Art. 8 Abs. 1 sorgen die Mitgliedstaaten dafür, dass angemessene und wirksame Mittel vorhanden sind, mit denen die Einhaltung dieser Richtlinie sichergestellt wird. Gem. Art. 8 Abs. 2 schließen diese Mittel Vorschriften ein, nach denen bestimmte Institutionen die Gerichte (oder zuständigen Verwaltungsbehörden) anrufen können. Zu diesen Institutionen zählen nicht nur staatliche Stellen, sondern auch „Organisationen, die ein berechtigtes Interesse am Schutz der Verbraucher oder der Umwelt haben" und „Berufsverbände, die ein berechtigtes Interesse daran haben, tätig zu werden." Aus der Perspektive des Handwerks wäre es begrüßenswert, wenn Deutschland von dieser Durchsetzungsmöglichkeit Gebrauch machen würde. Denn die Nachhaltigkeitsziele des Vorschlags sind auf effektive Durchsetzung in der Praxis angewiesen.

---

347 Zur parallelen Problematik bei der Warenkauf-RL *van Gool/Michel*, The New Consumer Sales Directive 2019/771 and Sustainable Consumption: A Critical Analysis, EuCML 2021, 136 (137).

Gem. Art. 9 ergreifen die Mitgliedstaaten geeignete Maßnahmen zur Sicherstellung der Verbraucherinformationen, auch auf nationalen Webseiten.

Wie im Verbraucherschutzrecht üblich haben die Regelungen gem. Art. 10 einseitig zwingenden Charakter zugunsten der Verbraucher. Das ist für den Vorschlag nicht ohne Weiteres selbstverständlich, denn das Hauptanliegen der Verordnung liegt darin, die Reparatur von Waren zu fördern und so Ressourcen zu sparen, Müll zu verringern und die Umwelt zu entlasten. Mit diesen Zielen stünde ein zweiseitig zwingender Charakter der Normen besser im Einklang. Denn der Verbraucherschutz ist nicht das Hauptanliegen der vorgeschlagenen Regelungen. Nach Art. 10 Abs. 2 können Reparaturbetriebe Vertragsbedingungen anbieten, die über den Schutzstandard der Richtlinie hinausgehen.

Nach Art. 11 erlassen die Mitgliedstaaten Vorschriften über Sanktionen, die bei Verstößen gegen die gemäß Artikel 4, 5 und 6 erlassenen nationalen Vorschriften zu verhängen sind und treffen alle für die Anwendung der Sanktionen erforderlichen Maßnahmen. Die Sanktionen müssen wirksam, verhältnismäßig und abschreckend sein.

II. Das Europäische Formular für Reparaturdienstleistungen (Art. 4)

1. Zielsetzung

Art. 4 sieht die Einführung eines „Europäischen Formulars für Reparaturinformationen" vor. Das Formular soll Transparenz schaffen, Preisbedenken und Unannehmlichkeiten der Verbraucher verringern und Angebote besser vergleichbar machen. Verbraucherinnen sollen leichter Reparaturdienstleistungen finden und grundlegende Informationen in standardisierter Form erhalten, um einfacher vergleichen und eine freie Entscheidung treffen zu können.[348] Darüber hinaus erleichtert das Formular nach Einschätzung der Kommission auch den Reparateuren (insbesondere Kleinstunternehmen, kleinen und mittleren Unternehmen), Informationen über die Reparaturleistungen bereitzustellen.[349]

---

348 Vgl. Kommissionsvorschlag, COM(2023) 155 final, EG 7 und 8.
349 Kommissionsvorschlag, COM(2023) 155 final, EG 7.

2. Wesentlicher Regelungsgehalt

a) Grundsatz: Pflicht zur Zurverfügungstellung des Formulars (Art. 4 Abs. 1)

Nach Art. 4 Abs. 1 stellen die Mitgliedstaaten sicher, dass Reparaturbetriebe Verbrauchern auf Anfrage das Europäische Formular für Reparaturinformationen zur Verfügung stellen. Das soll gemäß Anhang I auf einem dauerhaften Datenträger iSv Art. 2 Nr. 11 Warenkauf-RL erfolgen, und zwar bevor die Verbraucherin durch einen Vertrag über die Erbringung von Reparaturdienstleistungen gebunden ist. Anhang I des Vorschlags enthält ein entsprechendes Formular. Aus der Definition des Art. 2 Nr. 2 ergibt sich, dass die Pflicht grundsätzlich alle natürlichen oder juristischen Personen erfasst, die Reparaturdienstleistungen im Zusammenhang mit ihrer gewerblichen, geschäftlichen, handwerklichen oder beruflichen Tätigkeit erbringen. Die Pflicht trifft also nicht nur selbständige Handwerksbetriebe, sondern auch Hersteller oder Verkäuferinnen, die Reparaturdienstleistungen erbringen.

b) Ausnahme für nicht zur Reparatur verpflichtete Reparaturbetriebe

Art. 4 Abs. 2 sieht eine Ausnahme von der Pflicht aus Art. 4 Abs. 1 vor: Reparaturbetriebe, die nicht gemäß Artikel 5 zur Reparatur verpflichtet sind, müssen das Europäische Formular für Reparaturinformationen nicht vorlegen, wenn sie nicht beabsichtigen, die Reparaturleistung zu erbringen. Nun sind gem. Artikel 5 grundsätzlich nur die Hersteller zur Reparatur verpflichtet.[350] Gerade für das Handwerk ist die Ausnahme daher höchst relevant: Handwerksbetriebe trifft die Vorlagepflicht – nach Anfrage durch die Verbraucherin – nur in zwei Fällen: Erstens, wenn sie als Hersteller zur Reparatur verpflichtet sind. Zweitens, wenn sie beabsichtigen, die Reparatur durchzuführen. Der ZDH begrüßt die Ausnahme aus gutem Grund, da sie es Reparaturbetrieben ermöglicht, die unten noch näher beschriebenen Belastungen durch das Formular zu vermeiden.[351]

---

350 Näher dazu unten, E.IV. Bei Herstellern mit Sitz außerhalb der EU sollen nach dem Kommissionsvorschlag der Bevollmächtigte, der Importeur oder der Verteiler verpflichtet sein, s. unten, E.IV.2.b)cc).

351 *Zentralverband des Deutschen Handwerks,* Stellungnahme 2023, 3.

c) Kosten

Art. 4 Abs. 3 betrifft die Kosten für die Bereitstellung der vorgesehenen Informationen. Der Reparaturbetrieb kann sie von der Verbraucherin verlangen. Er muss allerdings unbeschadet der Verbraucherrechte-RL die Verbraucherin über diese Kosten informieren, bevor die Verbraucherin die Bereitstellung des Formulars verlangt. Die Kostentragungspflicht der Verbraucherinnen lässt sich gut damit begründen, dass die Bereitstellung des Formulars für Handwerksbetriebe einen Aufwand mit sich bringt, den sie im Kundeninteresse auf sich nehmen. Das Formular soll Verbraucherinnen ja insbesondere den Vergleich mit anderen Angeboten ermöglichen. Handwerksbetriebe können sich also nicht darauf verlassen, dass der Aufwand im Rahmen eines folgenden Reparaturauftrags entlohnt werden wird. Die Kostentragungspflicht dürfte freilich viele Verbraucherinnen davon abhalten, das Formular anzufragen.[352] Es kann zudem zu zeitlichen Verzögerungen der Reparatur führen, obwohl Verbraucherinnen regelmäßig an raschen Reparaturen interessiert sind.

d) Informationspflichten

aa) Umfang

Art. 4 Abs. 4 wartet mit Informationspflichten auf, die sich auf die Reparaturbedingungen beziehen und klar und verständlich anzugeben sind. Zu informieren ist über die Identität des Reparaturbetriebs, die Anschrift unter der der Betrieb niedergelassen ist, Telefonnummer, E-Mail-Adresse und gegebenenfalls andere Online-Kommunikationsmittel, die es dem Verbraucher ermöglichen, schnell und effizient mit dem Reparaturbetrieb Kontakt aufzunehmen und mit ihm zu kommunizieren. Anzugeben sind ferner die zu reparierende Ware, die Art des Mangels und die Art der vorgeschlagenen Reparatur. Auch der Preis ist zu nennen. Falls der Preis vernünftigerweise nicht im voraus berechnet werden kann, muss die Art und Weise angegeben werden, wie der Preis berechnet wird. Zudem ist ein Höchstpreis für die Reparatur zu nennen. Dazu treten Angaben über die voraussichtliche Dauer der Reparatur, die Verfügbarkeit vorübergehender Ersatzwaren während der Reparatur und gegebenenfalls die Kosten des vorübergehenden

---

352 Zu weiteren Nachteilen vgl. unten, E.II.3.

Ersatzes für den Verbraucher sowie den Ort, an dem der Verbraucher die Waren zur Reparatur übergibt. Zu nennen sind gegebenenfalls auch die Verfügbarkeit der vom Reparaturbetrieb angebotenen Zusatzdienstleistungen (wie Entfernung, Montage und Transport) und die Kosten solcher Dienstleistungen für den Verbraucher.

bb) 30-Tagesfrist

Die Angaben müssen wohlüberlegt sein, was aus der 30-Tagesfrist des Art. 4 Abs. 5 folgt: Der Reparaturbetrieb darf die im Formular angegebenen Bedingungen für die Reparatur während eines Zeitraums von 30 Kalendertagen nicht ändern. Fristbeginn ist der Tag, an dem das Formular dem Verbraucher ausgehändigt wurde. Eine Änderung ist nur möglich, wenn der Betrieb und die Verbraucherin etwas anderes vereinbaren. Wenn nun innerhalb der 30-Tage-Frist ein Reparaturvertrag geschlossen wird, sind die im Formular festgelegten Bedingungen für die Reparatur Bestandteil dieses Vertrags. Ein Vertragsschluss innerhalb der 30-Tagesfrist ist der Stellungnahme des ZDH zufolge bei Reparaturdienstleistungen der absolute Regelfall.[353]

cc) Bündelungsfunktion (Art. 4 Abs. 6)

Das europäische Formular für Reparaturdienstleistungen hat eine Bündelungsfunktion bezüglich anderer Informationspflichten. Wenn Reparaturbetriebe das Formular zur Verfügung stellen, erfüllen sie gem. Art. 4 Abs. 6 zugleich zahlreiche andere Informationspflichten, insbesondere bezüglich der wesentlichen Merkmale der Reparaturdienstleistung und des Preises. Diese Informationspflichten finden sich in der Warenkauf-RL[354], der Dienstleistungs-RL[355] und der E-Commerce-RL[356].

---

353 *Zentralverband des Deutschen Handwerks*, Stellungnahme 2023.
354 RL (EU) 2019/771 (Warenkauf-RL).
355 RL 2006/123/EG (Dienstleistungs-RL).
356 RL 2000/31/EG (E-Commerce-RL).

3. Kritik

a) Mit dem Formular verbundene Hoffnungen der Kommission

Die Kommission erhofft sich vom Europäischen Formular für Reparaturinformationen viel: Es soll Verbraucherinnen helfen, geeignete Reparaturdienstleistungen zu finden und zu wählen und dazu die für die Verbraucherentscheidung wichtigsten Parameter festlegen.[357] Verbraucherinnen sollen Reparaturdienstleistungen bewerten und auf einfache Weise vergleichen können. Außerdem soll das Formular den Betrieben die Bereitstellung von Informationen über die Reparaturleistungen erleichtern. Das soll vor allem Kleinstunternehmen sowie kleine und mittlere Unternehmen entlasten.[358] Das Handwerk dürfte hier besonders angesprochen sein. Durch die Bündelungsfunktion bezüglich anderweitiger Informationspflichten sollen Reparaturbetriebe zusätzlich entlastet werden. Das steht auch hinter der Kostentragungspflicht der Verbraucherinnen.[359] Die 30-Tages-Frist soll den Verbraucherinnen ausreichend Zeit für den Vergleich verschiedener Reparaturangebote gewähren.[360] Zugleich will die Kommission die Vertragsfreiheit für Reparaturbetriebe wahren, die nicht zur Reparatur verpflichtet sind. Sie sollen entscheiden können, ob sie überhaupt einen Vertrag über die Erbringung von Reparaturdienstleistungen abschließen möchten.

b) Das Formular als praxisuntaugliche Hürde für Reparaturbetriebe

In der Praxis dürften die in Art. 4 vorgesehenen Regelungsschläge zu erheblichen Problemen führen und kaum zur Förderung von Reparaturen beitragen. Der ZDH hält das Formular mit plausiblen Argumenten schon deshalb für praxisuntauglich, weil Angaben zur Art des Mangels, zur Reparaturdauer und zum Preis oft nicht sicher möglich sind.[361] Er fürchtet, das Formular „wird Reparaturbetriebe mit unverhältnismäßigen Risiken und Unsicherheiten konfrontieren."[362] Der DAV weist darauf hin, dass ohnehin schon ausreichend Vergleichsportale für Reparaturdienstleistun-

---

357 Kommissionsvorschlag, COM(2023) 155 final, EG 7.
358 Kommissionsvorschlag, COM(2023) 155 final, EG 7.
359 Kommissionsvorschlag, COM(2023) 155 final, EG 9.
360 Kommissionsvorschlag, COM(2023) 155 final, EG 10.
361 *Zentralverband des Deutschen Handwerks*, Stellungnahme 2023, 3.
362 *Zentralverband des Deutschen Handwerks*, Stellungnahme 2023, 3.

gen in unterschiedlichen Segmenten bestehen.[363] Nun scheint theoretisch denkbar, dass Reparaturbetriebe den Vertragsschluss nicht „auf Grundlage" des Formulars abzuschließen versuchen, sondern „unabhängig" vom zuvor vorgelegten Formular. Entsprechende Vereinbarungen dürften indes von Gerichten kaum gebilligt werden, wenn der Vertrag die Reparatur der schon für das Formular maßgeblichen Ware wegen des dort beschriebenen Fehlers betrifft. Der bürokratische Aufwand für die Bereithaltung des Formulars dürfte nicht unerheblich sein. Gerade für kleinere und mittlere Handwerksbetriebe dürfte er eine erhebliche Last darstellen, die nach Einschätzung des DAV zur Marktzugangsschwelle werden kann.[364] Zudem berücksichtigt das Formular dem ZDH zufolge nicht, dass es verschiedenen Phasen der Reparatur gibt (Problemanalyse und „eigentliche" Reparatur).[365] Der Hauptteil der Kosten können, so der ZDH, je nach Fall und je nach Schwerpunkt in der einen wie der anderen Phase verursacht werden. Der ZDH befürchtet, dass Reparaturbetriebe künftig jeweils separate Verträge für beide Durchführungsschritte abschließen müssen, um Kalkulierbarkeit und Rechtssicherheit zu erzielen.[366] Die dadurch hervorgerufenen Unklarheiten und der Mehraufwand stünden in keinem angemessenen Verhältnis zum geringen Nutzen für Verbraucher.[367] Diese Einwände sollten im weiteren Gesetzgebungsverfahren ernst genommen werden: Nötig ist, den Reparaturmarkt gerade auch für Anbieter attraktiver zu gestalten und Marktzutrittshürden möglichst zu beseitigen. Das Formular wird diesen Anforderungen nicht nur nicht gerecht. Vielmehr könnte es geradezu umgekehrt bewirken, dass vor allem kleinere Handwerksbetriebe künftig lieber auf Reparaturaufträge verzichten, wenn Verbraucherinnen das Formular anfragen. Dann aber würde das Formular Reparaturen verhindern statt sie zu fördern.

c) Grenzen der Informationspflichten und Fehlsteuerungsgefahr

Darüber hinaus überschätzt der Vorschlag die regulierende Kraft von Informationspflichten und verkennt die Gefahr weiterer Fehlsteuerungen, die

---

363 *Deutscher Anwaltverein*, Stellungnahme 2023, 4.
364 *Deutscher Anwaltverein*, Stellungnahme 2023, 4.
365 *Zentralverband des Deutschen Handwerks*, Stellungnahme 2023, 4.
366 *Zentralverband des Deutschen Handwerks*, Stellungnahme 2023, 4.
367 *Zentralverband des Deutschen Handwerks*, Stellungnahme 2023, 4.

mit ihnen einhergehen können.[368] Der Grundgedanke der Informationspflichten besteht darin, eine Wissensbasis bei den Verbraucherinnen zu schaffen, auf deren Grundlage sie sich materiell „frei" und „vernünftig" für die Reparatur entscheiden können.[369] Insoweit hofft die Kommission auf private Autonomie hin zur Nachhaltigkeit. In der Praxis dürfte diese Hoffnung in vielen Fällen nicht erfüllt werden. Schon heute ist es für Verbraucherinnen manchmal schwierig, überhaupt einen Reparaturbetrieb finden, der zur Reparatur bereit ist.[370] Der oben skizzierte Aufwand, der mit dem Formular verbunden ist, kann solche Fälle häufiger werden lassen. Dazu kommt, dass Informationen auch überfordern und materiell freie Entscheidungen eher blockieren als fördern können (information overload).[371] Zudem werden viele nach dem Formular erforderlichen Informationen ohnehin erteilt oder sind nach anderen Regelungen erforderlich. Der ZDH bemängelt insoweit, dass es zu unnötigen Mehrfachinformationen kommen kann.[372] Treffend verweist der ZDH ferner darauf, dass gerade im Reparaturbereich viele Angaben nicht vor Durchführung der Reparatur möglich sind: Preis, Art des Mangels und Reparaturdauer werden häufig erst im Verlauf der Untersuchung bestimmbar, wenn sich das wahre Ausmaß der Mängel zeigt:

„Beispielsweise im Elektrowaren- oder Kfz-Bereich kann sich während der Untersuchung der Ware herausstellen, dass zum einen weitere oder andersartige Mängel bestehen und zum anderen weitere Ersatzteile oder Reparaturschritte nötig sind, um den gewünschten Reparaturerfolg herbeizuführen."[373]

Diese Schwierigkeiten berücksichtigt der Kommissionsvorschlag nur für den Preis, sind doch bei unbestimmbarem Preis „die Art und Weise, wie der Preis berechnet wird, und der Höchstpreis für die Reparatur" anzuge-

---

368 Zu diesem Grundproblem im Kontext von Nachhaltigkeit und Recht auch *Halfmeier*, Abschied vom Konsumschutzrecht, VuR 2022, 3 (6).

369 Kritisch zum Informationsmodell *Arnold*, Vertrag und Verteilung (2014), 359 ff.

370 So beispielsweise bei Schuhen, vgl. https://www.vzbv.de/pressemitteilungen/wegwe rfschuhe-ein-problem-fuer-verbraucherinnen-und-umwelt.

371 Vgl. auch *Micklitz/Mehnert/Specht-Riemenschneider/Liedtke/Kenning*, Recht auf Reparatur (2022), 34 mit Hinweis auf geplante Informationspflichten in der Verbraucherrechte-RL und Unlauterer Geschäftspraktiken-RL; s. auch *Halfmeier*, Abschied vom Konsumschutzrecht, VuR 2022, 3 (6).

372 *Zentralverband des Deutschen Handwerks*, Stellungnahme 2023, 3.

373 *Zentralverband des Deutschen Handwerks*, Stellungnahme 2023, 3.

ben. Indes kann insbesondere die treffende Angabe von Höchstpreisen schwer sein. Dazu kommt eine weitere Gefahr, auf die der ZDH zu Recht hinweist: Durch die verpflichtende Angabe eines Höchstpreises würde der Verbrauchervergleich auf den Faktor Preis fokussiert, nicht dagegen auf die Qualität der Ausführung, obwohl fachgerecht ausgeführte Reparaturen natürlich auch angemessene Kosten verursachen.[374] Der ZDH fordert zu Recht:

> „Die Entwicklung des Reparatursektors hin zu einer abwärts gerichteten Preisspirale als primäres Vergleichskriterium ist zu vermeiden."[375]

d) Das Problem der Preisbindung innerhalb der 30-Tages-Frist

Schwierige Folgeprobleme ergeben sich aus der Preisbindung innerhalb der 30-Tages-Frist. Sie greift in bewährte Preisfindungsmechanismen des deutschen Schuldrechts ein und könnte erhebliche Unsicherheit in die Praxis tragen.

aa) Die Preisermittlung bei Reparaturen im geltenden deutschen Schuldrecht

Bei Reparaturen kann es schwer sein, den Preis im Vorfeld zu bestimmen. Wie bereits erwähnt, zeigt sich häufig erst während der laufenden Reparatur das Ausmaß eines Schadens, welche Ersatzteile erforderlich sind und ob eventuell weitere Defekte vorliegen. Im nationalen Recht stehen zur Preisermittlung spezielle werkvertragliche Regelungen bereit (insbesondere §§ 632 und 649 BGB), die einen grundsätzlich ausgewogenen Ausgleich der Interessen von Reparateur und Besteller ermöglichen.[376] Grundsätzlich können die Parteien natürlich einen Pauschalpreis vereinbaren. Tun sie das nicht, eröffnet das Gesetz andere Wege zu einer angemessenen Preisfindung. Gem. § 632 Abs. 2 BGB gilt dann die taxmäßige Vergütung, in Ermangelung einer Taxe die übliche Vergütung als vereinbart. Üblich sind gerade bei aufwändigeren Reparaturen auch Kostenanschläge, die nach der

---

374 *Zentralverband des Deutschen Handwerks,* Stellungnahme 2023, 4.
375 *Zentralverband des Deutschen Handwerks,* Stellungnahme 2023, 4.
376 Vgl. etwa BeckOGK/*Merkle,* Stand 01.04.2023, § 649 BGB Rn. 2 ff.

dispositiven Norm des § 632 Abs. 3 BGB nicht zu vergüten sind. Kostenanschläge können aber auch überschritten werden – insbesondere, weil sich der tatsächliche Aufwand oft erst später erweist. Das ist besonders bei aufwändigen Reparaturen wichtig, wenn sich im Laufe der Reparatur herausstellt, dass letztlich aufwändigere und teurere Maßnahmen nötig sind. Reparateure sind dann nicht an den Kostenanschlag gebunden, müssen jedoch gem. § 649 Abs. 3 BGB unverzüglich anzeigen, wenn Überschreitungen zu erwarten sind. Lässt sich die Reparatur nicht ohne wesentliche Überschreitung des Anschlags ausführen, kann der Besteller – unabhängig von der Regelung des § 649 BGB – jederzeit kündigen: Das ermöglicht der dispositive Grundsatz, dass Werkverträge jederzeit gekündigt werden können, vgl. § 648 BGB. Nach der allgemeinen Regelung des § 648 Abs. 1 S. 2 BGB müsste der Besteller dann aber die vereinbarte Vergütung zahlen – unter Abzug dessen, was sich der Reparateur infolge der Aufhebung des Vertrags an Aufwendungen erspart oder durch anderweitige Verwendung seiner Arbeitskraft erwirbt oder zu erwerben böswillig unterlässt. Diese Folge mildert § 649 BGB zugunsten des Bestellers ab, weil das Überschreiten des Anschlags nicht aus der Bestellersphäre rührt.[377] Er muss gem. § 649 BGB iVm 645 BGB lediglich einen der geleisteten Arbeit entsprechenden Teil der Vergütung und Auslagenersatz zahlen, nicht aber den vollen Lohn. Diese hier in der gebotenen Kürze skizzierten Mechanismen bieten insgesamt einen den beiderseitigen Interessen gerecht werdenden Ausgleich.[378]

bb) Mögliche Konsequenzen des Art. 4 in der Perspektive des deutschen Rechts

Art. 4 Abs. 4 greift in den soeben skizzierten Interessenausgleich ein und könnte Unsicherheiten in der Rechtsanwendung bewirken. Art. 4 Abs. 4 lit. e) sieht die Angabe eines Höchstpreises vor. Dieser wird nach § Art. 4 Abs. 5 S. 2 – also bei Vertragsschluss über die Reparatur innerhalb der 30-Tagefrist verbindlicher Vertragsbestandteil (vgl. auch EG 10). Die weiteren Rechtsfolgen bestimmen sich nach dem anwendbaren nationalen Recht, wie EG 10 klarstellt. Vor diesem Hintergrund sieht der DAV die

---

377 MünchKommBGB/*Busche*, 9. Aufl. 2023, § 649 BGB Rn. 1.
378 Näher etwa MünchKomm/*Busche*, 9. Aufl. 2023, § 649 BGB Rn. 1 und 2; vgl. auch *Zentralverband des Deutschen Handwerks*, Stellungnahme 2023, 4 .

verpflichtende Angabe eines Höchstpreises, der dann verbindlicher Vertragsbestandteil wird, als problematisch an, weil im deutschen Kauf- und Werkvertragsrecht der Begriff des Höchstpreises nicht normiert ist und im Fall eines Überschreitens des Höchstpreises die Rechtsfolgen unklar seien.[379] Dieses Problem müsste in der Praxis durch Auslegung gem. §§ 133, 157 BGB sowie in ergänzender Anwendung der werkvertraglichen Regeln gelöst werden – sofern deutsches Recht anwendbar ist. Dabei ist im deutschen Recht der Begriff „Höchstpreis" im werkvertraglichen Kontext durchaus bekannt.[380] Die deutschen Zivilgerichte verfügen über Erfahrung in der Bewältigung ähnlicher Fragen im Kontext von Preisvereinbarungen.[381] Regelmäßig dürfte ein über den Höchstpreis hinausgehendes Entgelt für die vereinbarte Leistungserbringung nicht verlangt werden. Das gilt grundsätzlich auch dann, wenn Ersatzteilpreise kurzfristig steigen,[382] sofern nicht bei besonders starken und unvorhersehbaren Erhöhungen die Geschäftsgrundlage entfällt (vgl. § 313 BGB). Der Höchstpreis bezieht sich nach Wortlaut und Zweck der Höchstpreisvereinbarung auf die Art der vorgeschlagenen Reparatur und die Art des Mangels.[383] Das Entgelt für Reparaturen weiterer Mängel, die sich erst während des Reparaturvorgangs zeigen, muss dagegen nach dem (kollisionsrechtlich anwendbaren) Privatrecht bestimmt werden.[384] Regelmäßig dürften in solchen Fällen Reparaturbetriebe in (entsprechender) Anwendung der §§ 632 und 649 BGB nach Anzeige ein angemessenes weiteres Entgelt verlangen können, wenn die Verbraucherin nicht kündigt. So wäre beispielsweise der Reparateur geschützt, der einen Höchstpreis von 300 Euro für die Reparatur der Abpumpfunktion einer Waschmaschine angegeben hat: Wenn sich beim Auseinanderbauen der Maschine zeigt, dass auch ein irreparabler Motorenschaden vorliegt, der den Austausch des Motors erfordert, kann er (nach Anzeige) auch insoweit ein angemessenes Entgelt verlangen.[385]

---

379 *Deutscher Anwaltverein*, Stellungnahme 2023, 4.
380 Vgl. aus der Rechtsprechung etwa BGH MDR 2005, 442; OLG Frankfurt, NJW-RR 1989, 20.
381 Näher etwa MünchKomm/*Busche*, 9. Aufl. 2023, § 632 BGB Rn. 100.
382 Der ZDH befürchtet dementsprechend, dass bei kurzfriste Preisschwankungen einseitig zu Lasten der Handwerksbetriebe gehen, *Zentralverband des Deutschen Handwerks,* Stellungnahme 2023, 4.
383 *Deutscher Anwaltverein*, Stellungnahme 2023, 4.
384 Vgl. nochmals Kommissionsvorschlag, COM(2023) 155 final, EG 10.
385 Der ZDH befürchtet, dass Mehrkosten nicht verlangt werden könnten, wenn der Höchstpreis wegen notwendiger weiterer Arbeitsschritte und zusätzlicher Ersatzteile über den im Formular genannten Preis hinausgeht, *Zentralverband des Deutschen*

Eine weitere Unsicherheit ergibt sich, wenn Reparaturbetriebe sehr hohe Höchstpreise veranschlagen, mit denen sie sich „auf der sicheren Seite" fühlen. Mit der Angabe solcher „Mondpreise" wäre den Verbraucherinnen kaum geholfen; auch wäre das Anliegen der Kommission konterkariert, Verbraucherinnen mit Hilfe des Formulars einen einfachen Vergleich zwischen verschiedenen Anbietern zu ermöglichen. Unklar ist, wie Gerichte mit der Nennung absurd hoher Höchstpreise umgehen würden – wie beispielsweise 100.000 Euro für die Reparatur einer Waschmaschine. Gerichte könnten solche „Mondpreise" für unbeachtlich halten, weil die aufgerufenen Preise auch für Verbraucher erkennbar keinesfalls erreicht werden und lediglich der Umgehung der Höchstpreisbindung dienen. Dann hätten die Reparaturbetriebe ihre gesetzlichen Informationspflichten verletzt. Die Nennung absurd hoher Höchstpreise empfiehlt sich daher in der Praxis nicht.

Dogmatisch wären die Folgefragen der Preisbindung innerhalb der 30-Tagesfrist durchaus spannend. Allerdings würden sie die Praxis mit erheblichen Unsicherheiten konfrontieren und die aus dem Formular resultierenden Belastungen des Handwerks zusätzlich verstärken.

cc) Änderungsoption (Art. 4 Abs. 5)

Art. 4 Abs. 5 eröffnet den Vertragsparteien eine Änderungsoption: Sie können vereinbaren, dass entgegen der Regel die im Formular angegebenen Bedingungen während der 30-Tages-Frist im Vertrag geändert werden können. Wegen der soeben geschilderten Schwierigkeiten, wären Reparaturbetriebe gut beraten, solche Vereinbarungen zu treffen. Häufig würde dies wohl in Form allgemeiner Geschäftsbedingungen geschehen. Insoweit weist der ZDH zu Recht darauf hin, dass die AGB-Kontrolle gerade im deutschen Recht erhebliche Unsicherheit über die Wirksamkeit solcher formularmäßig vorgenommenen abweichenden Vereinbarungen mit sich bringen würde.[386]

Handwerks, Stellungnahme 2023, 3. Dieses Szenario ist insoweit denkbar, als die Reichweite der Höchstpreisbindung – insbesondere Natur und Umfang der konkret vereinbarten Leistung – im Einzelfall unklar sein kann.

386 *Zentralverband des Deutschen Handwerks,* Stellungnahme 2023,4 .

e) Benachteiligung statt Förderung kleiner und mittlerer Handwerksbetriebe

In seiner von der Kommission vorgeschlagenen Form würde das Formular kleine und mittlere Handwerksbetriebe gegenüber größeren Unternehmen benachteiligen. Zwar können sie sich in manchen Fällen ihrer Formularpflicht gem. Art. 4 Abs. 2 entziehen, nämlich dann, wenn sie nicht als Hersteller zur Reparatur verpflichtet sind. Dann entgehen den Handwerksbetrieben jedoch potenziell gewinnbringende Reparaturgeschäfte. Kleine und mittlere Handwerksbetriebe sind von den zusätzlichen formellen Belastungen, Kosten und Gefahren des Formulars potenziell stärker betroffen als größere Unternehmen, die den Aufwand leichter bewältigen können. So könnte das Formular insgesamt zu weniger Reparaturen führen und zugleich Reparaturdienstleistungen zunehmend bei Herstellern und größeren Unternehmen konzentriert werden. Das könnte den Markt für Reparaturdienstleistungen zunehmend verengen, was für kleinere und mittlere Reparaturbetriebe ebenso nachteilig wäre wie für Verbraucherinnen. Zu Recht stellt der DAV daher gerade für kleinere Reparaturen die Frage der Verhältnismäßigkeit.[387]

f) Zwischenergebnis

Das Europäische Formular für Reparaturdienstleistungen schafft durch zusätzliche bürokratische Hürden erhebliche Barrieren für Reparaturdienstleistungen, benachteiligt kleinere und mittlere Unternehmen (vor allem aus dem Handwerk) und bringt erhebliche Unsicherheiten mit sich. Man kann dem ZDH nur zustimmen, wenn er das Formular wegen der bürokratischen Belastungen, der rechtlichen Unsicherheiten und seiner Praxisuntauglichkeit ablehnt.[388] In seiner gegenwärtigen Form ist das Formular nicht geeignet, die von der Kommission anvisierten Ziele zu erreichen. Vielmehr besteht die reelle Gefahr, dass Reparaturen geschwächt werden. Das Formular könnte kleinere und mittlere Reparaturbetriebe aus Reparaturmärkten verdrängen und ihren Zugang zu neuen Reparaturmärkten erheblich erschweren. Der bürokratische Mehraufwand und die aus der Regelung folgenden Unsicherheiten dürften gerade viele Handwerksbetriebe

---

387 *Deutscher Anwaltverein*, Stellungnahme 2023, 4.
388 *Zentralverband des Deutschen Handwerks*, Stellungnahme 2023, 6.

dazu bringen, sich auf Reparaturen unter Verwendung des Formulars nicht einzulassen. Der DAV befürchtet zu Recht, dass das Formular bewirken dürfte, dass viele Reparaturbetriebe, die nicht zur Reparatur verpflichtet sind, mit Blick auf die skizzierten Schwierigkeiten und Unsicherheiten lieber die Reparaturleistung nicht erbringen werden.[389] Mit einer solchen Entwicklung wäre auch den Verbraucherinteressen nicht gedient. Der Verbraucherzentrale Bundesverband begrüßt zwar die geplante Einführung des Formulars, allerdings lediglich mit der knappen Erwägung, dass es die Rechtsposition der Verbraucherinnen stärke.[390] Diese Stärkung der Rechtsposition besteht jedoch allenfalls auf dem Papier. In der Praxis wäre der Effekt des Formulars sehr wahrscheinlich keineswegs, dass Verbraucherinnen bessere Vergleichsmöglichkeiten erhalten, sondern dass sie auf kleinere und engere Reparaturmärkte stoßen. Es ist nach alledem dringend zu hoffen, dass sich das Formular im Gesetzgebungsverfahren nicht durchsetzen wird – oder die Regelung zumindest erheblich nachgebessert wird.

III. Reparatur statt Ersatz bei gleichen oder geringeren Kosten (Warenkauf-RL)

1. Ziele

Der Kommissionsvorschlag will Reparaturen auch im Rahmen der gewährleistungsrechtlichen Haftung fördern und dazu die Warenkauf-RL modifizieren.[391] Für das Verhältnis von Ersatzlieferung und Reparatur soll die Verhältnismäßigkeit der Kosten weiterhin ein wichtiges Kriterium bleiben. Auch soll der Verbraucher weiterhin Reparatur statt Ersatz verlangen können, wenn die Reparatur nicht unmöglich ist und unverhältnismäßige Kosten verursacht. Allerdings soll der Verkäufer „die Waren in jedem Fall reparieren", wenn die Kosten für den Ersatz „höher als die Reparaturkosten oder gleich hoch wie diese" sind.[392] Der Verbraucher soll also nur dann Ersatz als Abhilfe wählen können, wenn sie günstiger ist als eine Reparatur.[393]

---

389 *Deutscher Anwaltverein*, Stellungnahme 2023, 4.
390 *Verbraucherzentrale Bundesverband*, Stellungnahme 2023, 6.
391 Kommissionsvorschlag, COM(2023) 155 final, EG 28.
392 Kommissionsvorschlag, COM(2023) 155 final, EG 28.
393 Kommissionsvorschlag, COM(2023) 155 final, EG 28; vgl. auch *Seitz*, Das Recht auf Reparatur – Balanceakt zwischen Ressourcenschutz und ausufernder Herstellerhaftung, GWR 2023, 150.

2. Die Ergänzung der Unverhältnismäßigkeitseinrede in Art. 13 Abs. 2 Warenkauf-RL

Die Kommission schlägt eine Ergänzung der Unverhältnismäßigkeitseinrede in Art. 13 Abs. 2 Warenkauf-RL vor. Die Ergänzung soll erst nach einer 24-monatigen „Schonfrist" wirksam werden: Sie gilt gem. Art. 16 Abs. 2 nicht für Kaufverträge, die zu einem Zeitpunkt vor 24 Monaten nach Inkrafttreten der Richtlinie geschlossen wurden. Die Umsetzung soll gem. Art. 17 ebenfalls binnen 24 Monaten nach Inkrafttreten der Richtlinie erfolgen. Die „Schonfrist" soll Rechtssicherheit schaffen und den Verkäufern ausreichend Zeit geben, sich an die geänderten Rahmenbedingungen anzupassen.[394] Der IMCO (*Committee on the Internal Market and Consumer Protection*) schlägt demgegenüber etwas ambitionierter eine Umsetzung binnen 12 Monaten vor.[395] Art. 12 sieht folgenden neuen Satz 2 des Art. 13 Abs. 2 Warenkauf-RL vor:

> „Abweichend vom ersten Satz dieses Absatzes hat der Verkäufer, wenn die Kosten für die Ersatzlieferung mindestens den Nachbesserungskosten entsprechen, die Nachbesserung der Waren vorzunehmen, um den vertragsgemäßen Zustand der Waren herzustellen."

Die Norm wäre als Sonderregel zu verstehen, weil sie das Verhältnis von Nachbesserung und Ersatzlieferung „abweichend vom ersten Satz" regelt. Sie würde den Verkäufer zur Reparatur verpflichten, wenn die Ersatzlieferungskosten mindestens den Reparaturkosten entsprechen. Die Verkäufer könnten die Reparatur also nur mehr verweigern, wenn sie teurer ist als die Ersatzlieferung. Im deutschen Recht könnte die Umsetzung am einfachsten durch eine Ergänzung in § 439 Abs. 4 BGB erfolgen. Das gilt jedenfalls dann, wenn die Regelung überschießend nicht nur für Verbrauchsgüterkäufe, sondern als allgemeine kaufrechtliche Regelung umgesetzt wird, so dass auch Verträge zwischen Unternehmern (b2b) und Verträge zwischen Verbrauchern (c2c) erfasst sind.

3. Einschränkung des Wahlrechts der Verbraucher nach EG 28?

Unklar ist, ob der von der Kommission vorgeschlagene Art. 13 Abs. 2 S. 2 auch zu einer Einschränkung des Wahlrechts der Verbraucher führen wür-

---

394 Kommissionsvorschlag, COM(2023) 155 final, EG 30.
395 IMCO, Berichtsentwurf vom 26.6.2023, 2023/0083(COD), Änderungsanträge 20, 54, 55 und 56.

de. EG 28 zufolge bezweckt die Kommission genau das: Die Verbraucherin soll danach nur dann Ersatzlieferung wählen können, wenn diese günstiger ist als eine Reparatur. EG 28 lautet insoweit wörtlich:

> „Sind die Kosten für den Ersatz jedoch höher als die Reparaturkosten oder gleich hoch wie diese, sollte der Verkäufer die Waren in jedem Fall reparieren. Folglich ist der Verbraucher nur dann berechtigt, einen Ersatz als Abhilfemaßnahme zu wählen, wenn dieser günstiger ist als eine Reparatur."

EG 28 geht also einen Schritt weiter als das von der Kommission vorgeschlagene Gesetz selbst.[396] Nach EG 28 wäre das Wahlrecht der Verbraucher beschränkt und würde nur mehr bestehen, wenn Ersatz günstiger ist. Dagegen wäre es ausgeschlossen, wenn die Reparatur günstiger oder ebenso teuer ist wie der Ersatz.[397] In diesen Fällen hätte die Verbraucherin von vorherin nur mehr einen Anspruch auf Reparatur. Auch die englische Sprachfassung des EG 28 lässt keinen Zweifel daran, dass dieses Ergebnis dem Willen der Kommission entspricht:

> „The consumer remains entitled to choose repair over replacement, unless repair would be impossible or it would impose disproportionate costs on the seller as compared to replacement. However, where the costs for replacement are higher than or equal to the costs of repair, the seller should always repair the goods. Hence, the consumer is entitled to choose replacement as a remedy only where it is cheaper than repair."[398]

Die in EG 28 anvisierte Einschränkung des Wahlrechts der Verbraucherinnen würde Reparaturen potenziell etwas stärker fördern als der vorgeschlagene Gesetzestext.[399] Verbraucherinnen könnten sich dann nicht mehr gegen eine Reparatur entscheiden, obwohl sie die günstigere (oder ebenso günstige) Option ist. Nach dem vorgeschlagenen Gesetzestext hätte dagegen die Verkäuferin wohl lediglich kein Weigerungsrecht, *wenn* die Verbraucherin Reparatur verlangt. Verbraucherinnen hätten aber weiterhin

---

396 Vgl. *Deutscher Anwaltverein*, Stellungnahme 2023, 6.
397 So auch *Seitz*, Das Recht auf Reparatur – Balanceakt zwischen Ressourcenschutz und ausufernder Herstellerhaftung, GWR 2023, 150.
398 Kommissionsvorschlag, COM(2023) 155 final, 13 (englische Fassung).
399 In diesem Sinne verstehen auch *Augenhofer* und *Küter* den Vorschlag, vgl. *Augenhofer/Küter*, Recht auf oder Pflicht zur Reparatur? – Gedanken zum Vorschlag für eine RL über gemeinsame Vorschriften zur Förderung der Reparatur von Waren, VuR 2023, 243 (245).

auch die Option, Ersatzlieferung zu verlangen. Im weiteren Gesetzgebungsverfahren müsste die Zielsetzung aus EG 28, die – Reparaturen potenziell etwas stärker fördert – unbedingt auch im maßgeblichen Gesetzeswortlaut zum Ausdruck kommen, um Rechtssicherheit zu erreichen.

4. Bewertung und Kritik

a) Unklarheit bezüglich der Reichweite des Vorschlags

Mit Blick auf die Nachhaltigkeitsziele der Kommission ist es begrüßenswert, Reparaturen im System der Abhilfen bei Vertragswidrigkeit zu stärken. Eine offensichtliche Schwäche des Vorschlags ist, dass die vorgeschlagene Gesetzesergänzung lediglich die Unverhältnismäßigkeitseinrede des Verkäufers beschränkt, während nach EG 28 auch das Wahlrecht der Verbraucherinnen eingeschränkt werden soll. Diese Unklarheit muss beseitigt werden. Wenn das Wahlrecht eingeschränkt wird, könnte der deutsche Gesetzgeber die Einschränkung überschießend auch im Verhältnis zwischen Unternehmen (b2b) und im Verhältnis zwischen Verbrauchern (c2c) vornehmen. Damit wäre eine noch etwas stärkere Nachhaltigkeitsförderung verbunden; auch könnte eine Schlechterstellung von Verbraucherinnen gegenüber Unternehmen verhindert werden.[400]

b) Keine Reparaturverpflichtung zur Durchführung faktisch unmöglicher Reparaturen

Wenn die Reparatur unmöglich sind, ist eine Verpflichtung zur Reparatur nicht denkbar (*impossibilium nulla est obligatio*). Wenn eine Reparatur faktisch ausscheidet, kann es daher keine Reparaturverpflichtung geben. Das wäre auch nach der geplanten Änderung der Warenkauf-RL sichergestellt. Denn das Unverhältnismäßigkeitsregime des § 439 Abs. 3 BGB (bzw. des Art. 13 Warenkauf-RL) tritt nicht etwa isoliert neben die allgemeinen Regeln, sondern ergänzt diese. Bei faktischer Unmöglichkeit kann die Reparatur also weiterhin nach der allgemeinen Regelung des § 275 Abs. 1 BGB verweigert werden.

---

400 Vgl. auch *Augenhofer/Küter*, Recht auf oder Pflicht zur Reparatur? – Gedanken zum Vorschlag für eine RL über gemeinsame Vorschriften zur Förderung der Reparatur von Waren, VuR 2023, 243 (245).

c) Unangemessene Einschränkung von Verbraucherinteressen?

Der Verbraucherzentrale Bundesverband kritisiert die (wohl) geplante Einschränkung des Wahlrechts zwischen Ersatzlieferung und Reparatur.[401] Das überrascht kaum, denn die Einschränkung verkürzt Freiheitsbefugnisse der Verbraucherinnen. In ähnliche Richtung geht die Vermutung *Augenhofers* und *Küters*, wonach sich „Verbraucher am unteren Ende des finanziellen Spektrums gewisse Güter nicht mehr leisten werden können"[402] und ihre Kritik, die Einschränkung des Nacherfüllungsrechts vernachlässige das Prinzip sozialer Nachhaltigkeit.[403] Auch der Verbraucherzentrale Bundesverband setzt auf „freie" Verbraucherentscheidungen für Reparatur und Nachhaltigkeit. Paradigmatisch wird gleich zu Beginn aufgeführt:

> „Verbraucher:innen müssen deshalb das Recht haben, ihre Produkte reparieren zu lassen, anstatt sie wegzuwerfen und neue kaufen zu müssen. Es geht darum, den Verbrauchern die Möglichkeit zu geben, ihre Produkte so lange wie möglich zu nutzen und dadurch Ressourcen und Energie zu sparen."[404]

Indes kann der Gesetzgeber legitimer Weise den Nachhaltigkeitszielen so hohe Priorität einräumen, dass andere Gemeinwohlbelange – wie insbesondere der Verbraucherschutz – in der Abwägung zurückstehen.[405] Die Einschränkung von Freiheitsbefugnissen der Verbraucherinnen zugunsten von Nachhaltigkeitszielen ist daher grundsätzlich unbedenklich. Dass die Kommission dies gerade bei der Ersatzlieferung erwägt, ist verständlich: Die Ersatzlieferung ist in der Regel besonders ressourcenfeindlich und CO-2-intensiv.[406] Die unter Nachhaltigkeitsgesichtspunkten ideale Produktlebensdauer ist zwar im Einzelfall schwer zu ermitteln.[407] Selbst bei energieinten-

---

401 *Verbraucherzentrale Bundesverband*, Stellungnahme 2023, 10.

402 *Augenhofer/Küter*, Recht auf oder Pflicht zur Reparatur? – Gedanken zum Vorschlag für eine RL über gemeinsame Vorschriften zur Förderung der Reparatur von Waren, VuR 2023, 243 (245).

403 *Augenhofer/Küter*, Recht auf oder Pflicht zur Reparatur? – Gedanken zum Vorschlag für eine RL über gemeinsame Vorschriften zur Förderung der Reparatur von Waren, VuR 2023, 243 (245).

404 *Verbraucherzentrale Bundesverband*, Stellungnahme 2023, 3.

405 Vgl. auch *van Gool/Michel*, The New Consumer Sales Directive 2019/771 and Sustainable Consumption: A Critical Analysis, EuCML 2021, 136 (145).

406 *Michel*, Premature Obsolescence (2022), 413.

407 *Alejandre/Akizu-Gardoki/Lizundia*, Optimum operational lifespan of household appliances considering manufacturing and use stage improvements via life cycle

siven Geräten sind Reparaturen indes sogar nach langen Nutzungsphasen oft vorzugswürdig.[408] Besonders ausgeprägt sind die nachhaltigkeitsschädlichen Effekte der Ersatzlieferung natürlich dann, wenn die mangelhafte Ware aussortiert und vernichtet wird. Es ist daher höchst plausibel, dass die Kommission Reparaturen als regelmäßig nachhaltigere Abhilfe von Vertragswidrigkeiten einschätzt. Dann ist es aber nur konsequent, Ersatzlieferung nicht mehr als Option zur Verfügung zu stellen, wenn eine regelmäßig ressourcenfreundlichere und nachhaltigere Option – nämlich die Reparatur – der Vertragswidrigkeit zu gleichen Kosten abhelfen kann. Richtig ist freilich, dass die Reparatur im Einzelfall – etwa weil sie besonders ressourcenintensiv ist oder die Ware weit versendet werden muss – auch nachhaltigkeitsschädlicher sein kann als die Ersatzlieferung.[409] Das ließe sich dadurch berücksichtigen, dass das Gesetz die Ersatzlieferung explizit für dieses Szenario ermöglicht – also den Vorrang der Reparatur für diejenigen Fälle zurücknimmt, in denen Ersatzlieferung ökologisch vorzugswürdig ist. Damit würden Nachhaltigkeitsziele effektuiert, möglicherweise freilich mit gewissen Einbußen bei der Rechtssicherheit. Jedenfalls ist die Einschränkung des Wahlrechts nicht schon deshalb abzulehnen, weil sie Freiheitsbefugnisse von Verbraucherinnen beschränkt. Der Verbraucherzentrale Bundesverband argumentiert auch damit, dass das Wahlrecht für Verbraucherinnen wichtig sei, weil sie es „nach ihrem Interesse ausüben können und sich nicht am Verkäuferinteresse orientieren müssen."[410]. Dieses Argument ist freilich eine inhaltsleere *petitio principii*: Denn ein Wahlrecht wird überhaupt erst dadurch zum Wahlrecht, dass der Wahlrechtsinhaber es frei und nach seinem Interesse ausüben kann. Ebenso wenig verfängt das Argument, dass die Verkäuferin wegen der mangelhaften Lieferung weniger

---

assessment, 32 Sustainable Production and Consumption 2022, 52; *Bovea/Ibáñez-Forés/Pérez-Belis,* Repair vs. replacement: what is the best alternative for household small electric and electronic equipment?, in: Bakker u.a. (Hrsg.), Plate Product Lifetimes And The Environment, Conferene Proceedings, Amsterdam 2017, 51.

408 *Bakker/Wang/Huisman/den Hollander,* Products that go round: exploring product life extension through design, 69 Journal of Cleaner Production 2014, 10 (mit konkreten Berechnungen zu Kühlschränken und Laptops).

409 Das übersehen *Augenhofer* und *Küter*, die stattdessen die Nachhaltigkeitskosten von Reparaturen gegen die Förderung von Reparaturen ins Spiel bringen, vgl. *Augenhofer/Küter*, Recht auf oder Pflicht zur Reparatur? – Gedanken zum Vorschlag für eine RL über gemeinsame Vorschriften zur Förderung der Reparatur von Waren, VuR 2023, 243 (246). Indes dürften ökologischen Kosten von Reparaturen jedenfalls in den meisten Fällen niedriger als die Kosten von Ersatzlieferungen sein.

410 *Verbraucherzentrale Bundesverband*, Stellungnahme 2023.

schutzwürdig sei.[411] Denn auch die Reparatur hilft der Vertragswidrigkeit ab. Zudem geht es bei der Einschränkung des Wahlrechts keineswegs um eine Belohnung der Verkäuferinnen. Die Einschränkung verfolgt vielmehr Gemeinwohlziele wie Umweltschutz, Ressourceneinsparung und CO_2-Reduktion. Der Verbraucherzentrale Bundesverband bezweifelt zudem, dass mit der Einschränkung des Wahlrechts „ein Beitrag zur Produktion von langlebigeren Gütern erreicht werden dürfte".[412] Darin liegt ein wahrer Kern, weil nur diejenigen Konstellationen erfasst sind, in denen die Reparatur nicht teurer ist als die Ersatzlieferung. Mit Blick auf die Nachhaltigkeitsziele der Kommission wäre daraus jedoch eher die Konsequenz zu ziehen, die Reparatur im Nacherfüllungsrecht noch stärker zu bevorzugen. Gewisse Plausibilität hat das Argument des Verbraucherzentrale Bundesverband, dass letztlich der Verkäufer über Reparatur oder Ersatzlieferung entscheide: Die Kosten der Reparatur seien für die Verbraucher oft schwer nachvollziehbar.[413] Indes ändert die fehlende Kalkulationstransparenz nichts daran, dass die Förderung von Reparaturen im System des Nacherfüllungsrechts positive Nachhaltigkeitseffekte haben kann. Dass die Einschränkung des Wahlrechts zu einem vermehrten Ausweichen hin zu Billigprodukten führen könnte,[414] ist nicht empirisch belegt und auf den ersten Blick wenig plausibel.

d) Geringe Effektivität der geplanten Ergänzung der Warenkauf-RL

Aus dem bisher Gesagten wurde bereits deutlich, dass Zweifel an der Effektivität der geplanten Ergänzung der Warenkauf-RL bestehen.[415] Denn die Reparatur soll nur dann vorrangig sein, wenn die Ersatzlieferungskosten die Reparaturkosten übersteigen. Gerade das ist jedoch in der Praxis häufig nicht der Fall, insbesondere bei Produkten im niedrigen und mittleren Preissegment.[416] Hohe Reparaturkosten sind eine zentrale Ursache frühzeitiger Obsoleszenz und ein Haupthindernis für Reparaturen. Dieses Problem wird im Kommissionsvorschlag überhaupt nicht adressiert. Eine

---

411 *Verbraucherzentrale Bundesverband*, Stellungnahme 2023.
412 *Verbraucherzentrale Bundesverband*, Stellungnahme 2023.
413 *Verbraucherzentrale Bundesverband*, Stellungnahme 2023.
414 *Verbraucherzentrale Bundesverband*, Stellungnahme 2023.
415 Ebenso *Tonner*, Green Deal und Verbraucherrecht: das Recht auf Reparatur, VuR 2023, 241 (242).
416 Ausführlich dazu oben, B.II.4. vgl. auch *Tonner*, Green Deal und Verbraucherrecht: das Recht auf Reparatur, VuR 2023, 241 (242).

ähnliche Kritik haben bereits *Micklitz u.a.* bezogen auf die entsprechende Option innerhalb der Initiative „Nachhaltiger Konsum" vorgebracht: Die Änderung könne Reparaturen in der Praxis nicht effektiv stärken und sei zur Erreichung der von der Kommission verfolgten Ziele ungeeignet.

„Das Problem besteht nicht darin, dass ein Anspruch auf Reparatur im Rahmen der kaufrechtlichen Mängelgewährleistung nicht existieren würde – sondern dass es eine attraktivere Alternative gibt. Verbraucher und Unternehmer könnten sich durch eine gesetzlich erzwungene Reparatur dazu eingeladen sehen, eine abweichende Vereinbarung zu treffen und sich stattdessen auf den Versand von Neuware zu einigen – was am Ende beiden im Zweifel lieber ist. Überspitzt formuliert: Mit der Schaffung einer vorrangigen Rechtsfolge, an der im Zweifelsfall kein Interesse besteht, ist in der Praxis nicht viel gewonnen. Es sind daher nicht nur Anreize zu schaffen, damit sich Verbraucher für eine Reparatur entscheiden: Vielmehr geht es darum, die der Reparatur inhärenten Nachteile als solche zu benennen und Gegenstrategien zu entwickeln, um das Nachhaltigkeitspotenzial des Reparaturanspruchs ausschöpfen zu können."[417]

e) Zwischenergebnis

Die von der Kommission anvisierte Ergänzung der Warenkauf-RL ist regelungstechnisch wegen des Widerspruchs von Gesetz und EG 28 missglückt. An ihrer Effizienz bestehen erhebliche Zweifel. Effektiver könnte dagegen sein, das Wahlrecht der Verbraucher grundlegend zu verabschieden und das System der Abhilfen bei Vertragswidrigkeit nachhaltigkeitsorientiert neu zu ordnen.[418] Dabei könnte unter anderem die Ersatzlieferung auf Konstellationen beschränkt werden, in denen die Reparatur technisch ausgeschlossen oder nur mit unverhältnismäßig hohen Kosten möglich ist.[419]

---

417 *Micklitz/Mehnert/Specht-Riemenschneider/Liedtke/Kenning*, Recht auf Reparatur (2022), 51.
418 S. *Mak/Lujinovic*, Towards a Circular Economy in EU Consumer Markets – Legal Possibilities and Legal Challenges and the Dutch Example, EuCML 2019, 4; ausführlich *Michel*, Premature Obsolescence (2022), 335 ff.
419 Vgl. auch *Mak/Lujinovic*, Towards a Circular Economy in EU Consumer Markets – Legal Possibilities and Legal Challenges and the Dutch ExampleEuCML 2019, 4, 10.

IV. Das „Recht auf Reparatur" im engeren Sinn: Herstellerpflicht zur Reparatur außerhalb der gesetzlichen Gewährleistung

1. Grundidee und Zielsetzung

Art. 5 des Vorschlags beinhaltet das neue „Recht auf Reparatur" im engeren Sinn: Der Anspruch von Verbraucherinnen auf Reparatur *außerhalb* der gesetzlichen Gewährleistung aus Art. 5 Abs. 1. Der Regelung zufolge sollen Hersteller auf Verlangen eines Verbrauchers bestimmte Waren unentgeltlich oder gegen einen bestimmten Preis oder eine andere Art von Gegenleistung reparieren. Auch insoweit gibt es dem Kommissionsvorschlag zufolge eine 24-monatige Schonfrist: Das „Recht auf Reparatur" i.e.S. soll gem. Art. 16 nicht für Verträge über Reparaturdienstleistungen gelten, die bis zu 24 Monate nach Inkrafttreten der Richtlinie geschlossen werden. Da die Mitgliedstaaten gem. Art. 17 ebenfalls binnen 24 Monaten nach Inkrafttreten der Richtlinie diese umsetzen sollen, würde auch das „Recht auf Reparatur" i.e.S. erst für 24 Monate nach Inkrafttreten geschlossene Verträge über Reparaturdienstleistungen gelten. Der IMCO möchte dagegen wiederum eine Umsetzung binnen 12 Monaten erreichen.[420]

Auf der Aktivseite steht der Anspruch ausschließlich Verbraucherinnen zu. Die Kommission will durch das neue „Recht auf Reparatur" Verbraucherinnen motivieren, Waren reparieren zu lassen, die zwar fehlerhaft, ansonsten aber brauchbar sind und für die kein Reparaturanspruch nach der Warenkauf-RL besteht.[421] Hersteller sollen darin bestärkt werden, nachhaltige Geschäftsmodelle zu entwickeln – einschließlich der Bereitstellung von Reparaturen. Das soll dadurch erreicht werden, dass sie einen Preis für die Reparatur verlangen können sollen.[422] Konstruktiv umsetzbar wäre das „Recht auf Reparatur" i.e.S. wohl am ehesten in Form eines gesetzlichen Kontrahierungszwangs. Kontrahierungszwänge sind ein unverzichtbares Rechtsinstitut zur Verwirklichung der verschiedensten Gemeinwohlbelange (wie etwa der Verhinderung von Wettbewerbsverzerrungen oder der Sicherung menschlicher Grundbedürfnisse).[423]

---

420 IMCO, Berichtsentwurf vom 26.6.2023, 2023/0083(COD), Änderungsanträge 20, 53, 55 und 56.

421 Kommissionsvorschlag, COM(2023) 155 final, EG 11.

422 Kommissionsvorschlag, COM(2023) 155 final, EG 12.

423 *Arnold*, Gemeinwohltopoi im Privatrecht (2020), 451 (453 ff.); *Kilian*, Kontrahierungszwang und Zivilrechtssystem, AcP 180 (1980), 47 (74). Kritisch zum Kontrahierungszwang beim „Recht auf Reparatur" *Klindt*, Kaufst Du noch oder reparierst

2. Umfang und Grenzen

a) Beschränkung auf Waren mit Anforderungen an die Reparierbarkeit

Nach dem Kommissionsvorschlag sind nur die in Anhang II erfassten Waren erfasst, für die Anforderungen an die Reparierbarkeit nach europäischem Recht bestehen.[424] Wie oben beschrieben, sieht das europäische Ökodesign-Recht solche Anforderungen für bestimmte Warengruppen vor.[425] Allerdings verpflichtet das europäische Ökodesign-Recht die Hersteller nicht zur Reparatur. Diese Lücke soll die Richtlinie schließen, auch um die Nachfrage der Verbraucherinnen nach Reparaturen zu erhöhen. Hinter der Beschränkung auf Waren, für die Anforderungen an die Reparierbarkeit nach europäischem Recht bestehen, steht der Gedanke, dass Hersteller nicht übermäßig belastet werden sollen.[426] Auch will die Kommission durch die Beschränkung sicherstellen, dass nur Waren betroffen sind, die aufgrund ihrer Konstruktion auch reparierbar sind.[427] Freilich scheidet die Reparaturpflicht bei Unmöglichkeit der Reparatur ohnehin aus – was der Vorschlag selbst ausdrücklich in Art. 5 Abs. 1 S. 2 bestimmt. Gem. Art. 5 Abs. 4 soll der Kommission die Befugnis übertragen werden, delegierte Rechtsakte zur Änderung von Anhang II zu erlassen. Dort sind die Rechtsakte der Union aufgelistet, in denen die Anforderungen an die Reparierbarkeit festgelegt sind. Art. 5 Abs. 4 ermöglicht der Kommission, diese Liste im Lichte der legislativen Entwicklungen zu aktualisieren. Durch die Aufführung der einschlägigen Rechtsakte in Anhang II will die Kommission Rechtssicherheit gewährleisten,[428] wobei konsequenter Weise neue Produktgruppen aufgenommen werden sollen, wenn neue Anforderungen an die Reparierbarkeit hinzutreten.

Der Kommissionsvorschlag begrenzt die Reparaturpflicht auch in ihrer Reichweite nach Maßgabe der jeweiligen Anforderungen an die Reparier-

---

Du schon? Kritisches zum geplanten „Recht auf Reparatur", BB 2022, Heft 6 Umschlagteil I, weil kein ausgeprägtes Machtgefälle zwischen den Parteien bestehe. Freilich übersieht *Klindt*, dass Kontrahierungszwänge auch ganz unabhängig von einer Ungleichgewichtslage eingesetzt werden können.

424 Vgl. *Seitz*, Das Recht auf Reparatur – Balanceakt zwischen Ressourcenschutz und ausufernder Herstellerhaftung, GWR 2023, 150 (151).

425 Kommissionsvorschlag, COM(2023) 155 final, EG 16. Dazu im Einzelnen schon oben, D.II.

426 So ausdrücklich Kommissionsvorschlag, COM(2023) 155 final, EG 16.

427 Kommissionsvorschlag, COM(2023) 155 final, EG 16.

428 Kommissionsvorschlag, COM(2023) 155 final, EG 17.

barkeit nach europäischem Recht. Das ergibt sich zwar nicht aus dem Wortlaut der deutschen Fassung:

> „Die Mitgliedstaaten stellen sicher, dass der Hersteller auf Verlangen eines Verbrauchers Waren, für die Anforderungen an die Reparierbarkeit in den in Anhang II aufgelisteten Rechtsakten der Union und an den Umfang der Reparierbarkeit festgelegt sind, unentgeltlich oder gegen einen bestimmten Preis oder eine andere Art von Gegenleistung repariert."

Es folgt allerdings aus dem Wortlaut der englischen und französischen Fassung (Hervorhebungen nicht im Original):

> „Member States shall ensure that upon the consumer's request, the producer shall repair, for free or against a price or another kind of consideration, goods for which *and to the extent that reparability requirements are provided for* by Union legal acts as listed in Annex II."

> „Les États membres veillent à ce que, à la demande du consommateur, le producteur répare, gratuitement ou moyennant un prix ou un autre type de contrepartie, les biens pour lesquels des exigences de réparabilité sont établies dans les actes juridiques de l'Union énumérés à l'annexe II, *dans la mesure prévue par lesdites exigences*."

Auch in EG 16 kommt die Einschränkung zum Ausdruck (Hervorhebung nicht im Original):

> „Um eine übermäßige Belastung der Hersteller zu vermeiden und sicherzustellen, dass sie in der Lage sind, ihrer Verpflichtung zur Reparatur nachzukommen, sollte diese Verpflichtung auf diejenigen Produkte beschränkt werden, für die in Rechtsakten der Union Anforderungen an die Reparierbarkeit festgelegt sind, *und zwar in dem Umfang, in dem diese festgelegt sind* (...)"

Gerade von dieser in der deutschen Sprachfassung nicht zum Ausdruck kommenden Einschränkung will der IMCO abweichen: Nicht nur sollen die in Anhang II aufgeführten Produkte erweitert werden – insbesondere um Kraftfahrzeuge, Fahrräder und Batterien.[429] Vielmehr soll die Repara-

---

429 IMCO, Berichtsentwurf vom 26.6.2023, 2023/0083(COD), Änderungsanträge 27 und Änderungen zu Anhang II. Der *Verbraucherzentrale Bundesverband*, Stellungnahme 2023 schlägt eine Ausdehnung auf alle energieverbrauchsrelevanten Produkte, Spielzeug, Textilien, Möbel, Freizeit- und Sportprodukte vor.

turpflicht auch gerade nicht nach den Vorgaben des europäischen Öko-design-Rechts zur Reparierbarkeit begrenzt werden. Der entsprechende Änderungsvorschlag des IMCO streicht die entsprechende Passage aus der oben zitierten englischen Fassung des Kommissionsvorschlags.[430]

b) Der verpflichtete Personenkreis

aa) Hersteller

Auf der Passivseite sind grundsätzlich nur die Hersteller betroffen.[431] In EG 11 wird dies unter anderem damit gerechtfertigt, dass sich auch die Anforderungen an die Reparierbarkeit nach den unionalen Rechtsakten (nur) an die Hersteller richten. So müssen künftig die Hersteller als Reparaturpartner zur Verfügung stehen, wenn sich Verbraucher für die Reparatur bestimmter Waren entscheiden. Die Verpflichtung gerade der Hersteller soll diese auch dazu bewegen, nachhaltigere Geschäftsmodelle zu entwickeln, in denen die Reparatur der Produkte einen bedeutsamen Platz einnimmt. Der ZDH begrüßt diesen Ansatz, weil er den Regelungen der Ökodesign-Vorschriften entspricht und gewährleistet, dass Verbraucher Reparaturen auf direktem Wege vornehmen lassen können und Ersatzteile verfügbar sind.[432] In der Tat lässt sich die Beschränkung der Reparatur-pflicht auf Hersteller mit diesen Argumenten plausibel begründen. Für Verkäuferinnen dürfte eine Reparaturpflicht ungleich schwerer realisierbar sein. Zudem dürfte die Verpflichtung der Hersteller am besten dazu geeig-net sein, zusätzliche Anreize bei der Produktentwicklung zu schaffen und reparaturfreundliches Produktdesign in der Herstellungsphase zu fördern. Drittanbieter (etwa aus dem Handwerk) können trotz fehlender Verpflich-tung Reparaturen weiterhin auf vertraglicher Grundlage durchführen. Der Markt dafür könnte künftig noch attraktiver werden, wenn die von der Kommission verfolgte Förderung eines reparaturfreundlichen Produktde-signs Erfolg hat.

---

430 IMCO, Berichtsentwurf vom 26.6.2023, 2023/0083(COD), Änderungsanträge 27 und Änderungen zu Anhang II. Zur Einordnung und Bewertung der Vorschläge unten, E.IV.3.b).
431 Vgl. auch *Seitz*, Das Recht auf Reparatur – Balanceakt zwischen Ressourcenschutz und ausufernder Herstellerhaftung, GWR 2023, 150 (151).
432 *Zentralverband des Deutschen Handwerks,* Stellungnahme 2023.

bb) Untervergabe von Reparaturen durch die Hersteller

Gem. Art. 5 Abs. 1 S. 3 können die Hersteller Reparaturen untervergeben, um ihrer Reparaturpflicht nachzukommen. Dafür kann beispielsweise deshalb Bedarf bestehen, weil Hersteller nicht zwingend über die nötige Infrastruktur verfügen oder sich andere Reparaturbetriebe näher beim Verbraucher befinden.[433] Die Möglichkeit zur Untervergabe von Reparaturen durch die Hersteller eröffnet dem Handwerk weitere Betätigungsfelder, indem Handwerksbetriebe vermehrt auch im Auftrag der Hersteller Reparaturen durchführen.

cc) Hersteller mit Sitz außerhalb der Union: Bevollmächtigte, Importeure, Verteiler

Art. 5 Abs. 2 des Vorschlags betrifft zur Reparatur verpflichtete Hersteller mit Sitz außerhalb der Union. Bei ihnen erfüllt ihr Bevollmächtigter in der Union die Verpflichtung des Herstellers. Wenn der Hersteller einen solchen Bevollmächtigten in der Union nicht hat, erfüllt der Importeur der Ware die Herstellerverpflichtung. Gibt es auch keinen Importeur, so erfüllt der Verteiler der betreffenden Ware die Verpflichtung des Herstellers. So soll sichergestellt werden, dass die Reparaturverpflichtung auch dann greift, wenn der Hersteller außerhalb der Union niedergelassen ist.[434] Die Umsetzung erfolgt über eine Reihe alternativer Wirtschaftsakteure, damit sich Verbraucher an einen in der Union niedergelassenen Betrieb wenden können. Die Regelung zielt darauf ab, eine sachlich kaum zu rechtfertigende Ungleichbehandlung von Herstellern zu verhindern – je nachdem, ob ihr Sitz innerhalb und außerhalb der Union liegt. Zugleich soll die Regelung sicherstellen, dass Verbraucherinnen das Recht auf Reparatur gegenüber im Inland greifbaren Akteuren durchsetzen können. *Augenhofer* u.a. halten es allerdings für zweifelhaft, ob Importeure oder Vertreiber über die notwendige Reparaturinfrastruktur verfügen; daher sei Schadensersatz statt der Leistung (wohl gegen die Hersteller) die effektivere Rechtsfolge.[435]

---

433 Kommissionsvorschlag, COM(2023) 155 final, EG 13.

434 Kommissionsvorschlag, COM(2023) 155 final, EG 14.

435 *Augenhofer/Küter*, Recht auf oder Pflicht zur Reparatur? – Gedanken zum Vorschlag für eine RL über gemeinsame Vorschriften zur Förderung der Reparatur von Waren, VuR 2023, 243 (249).

Auch sei das Verhältnis der Haftung von Bevollmächtigten, Importeuren oder Verteiler zur Möglichkeit der Verwendung von Erfüllungsgehilfen unklar.[436] Auch der ADAC wirft in seiner Stellungnahme die berechtigte Frage auf, wer Vertragspartner des Verbrauchers wird, wenn der Hersteller seine Pflicht zur Reparatur durch Einschaltung eines Dritten erbringt.[437] Auch sei fraglich, ob sich Verbraucher mit weiteren Rechten an die Hersteller wenden könnten, wenn die Reparatur des Dritten ohne dessen Verschulden scheitert.[438] Auf ein weiteres Problem weisen Independent Retail Europe in ihrer Stellungnahme hin:[439] Marktplätze seien in der Kaskade nicht zu finden, woraus sich eine praktisch beachtliche Lücke ergeben könne, nämlich bei Waren die von einem in einem Drittstaat ansässigen Verkäufer direkt an Verbraucher verschickt werden – ohne EU-Bevollmächtigten, Importeur oder Verteiler.[440] In solchen Fällen käme es in der Tat zu einer Lücke und damit zu einer Benachteiligung EU-ansässiger Hersteller gegenüber solchen in Drittstaaten. Das Problem scheint auch der Europäische Wirtschafts- und Sozialausschuss (EWSA) erkannt zu haben, wenn er es auch nicht in dieser Schärfe formuliert und die Haftung von Logistikzentren ins Spiel bringt.[441] Der Ergänzungsvorschlag des IMCO würde die Lücke verkleinern: Danach würden in die Kaskadenhaftung Dienstleister und Online-Plattformen eingeschlossen.[442] Wenn weder EU-Bevollmächtigte noch Importeure vorhanden sind, ist dem Ergänzungsvorschlag zufolge der für die Erfüllung verantwortliche Dienstleister (*fulfilment service provider*) in der Haftung, andernfalls der Verteiler.[443] Wenn es an alledem fehlt, trifft die Reparaturverpflichtung den Anbieter einer Online-Plattform, über die Verbraucher Fernabsatzverträge abschließen können, wenn die Voraussetzungen des Art. 6 Abs. 3 VO (EU) 2022/2065 (Gesetz über digitale Dienste)

---

436 *Augenhofer/Küter*, Recht auf oder Pflicht zur Reparatur? – Gedanken zum Vorschlag für eine RL über gemeinsame Vorschriften zur Förderung der Reparatur von Waren, VuR 2023, 243 (249).

437 *ADAC*, Stellungnahme zum Kommissionsvorschlag (2023), 4.

438 *ADAC*, Stellungnahme zum Kommissionsvorschlag (2023), 4.

439 *Independent Retail Europe,* Stellungnahme zum Kommissionsvorschlag (2023), 3.

440 *Independent Retail Europe,* Stellungnahme zum Kommissionsvorschlag (2023), 3.

441 Europäischer Wirtschafts- und Sozialausschuss (EWSA), Stellungnahme zum Kommissionsvorschlag – 2023/0083 (COD), ABl. EU C 293/77 (18.8.2023).

442 IMCO, Berichtsentwurf vom 26.6.2023, 2023/0083(COD), Änderungsanträge 7 und 29.

443 IMCO, Berichtsentwurf vom 26.6.2023, 2023/0083(COD), Änderungsanträge 7 und 29.

erfüllt sind.[444] Insgesamt ist dringend geboten, die Regeln im weiteren Gesetzgebungsverfahren zu schärfen und zu konkretisieren, um die Durchsetzung des Rechts auf Reparatur auch bei Herstellern mit Sitz außerhalb der Union effektiv sicherzustellen. Der Ergänzungsvorschlag des IMCO ist insofern begrüßenswert.

c) Reparatur gegen eine Gegenleistung

Inhaltlich ist kein Anspruch auf kostenlose Reparatur vorgesehen, sondern nur auf Reparatur gegen eine Gegenleistung. Das rechtfertigt die Kommission damit, dass sich die Reparaturpflicht auf Mängel erstreckt, die nicht auf die Vertragswidrigkeit der Waren zurückzuführen sind.[445] Die Hersteller würden zudem darin bestärkt, nachhaltige Geschäftsmodelle zu entwickeln, die auch die Bereitstellung von Reparaturdienstleistungen umfassen.[446] Der Kommission zufolge könnten etwa Arbeitskosten, Ersatzteilkosten, Kosten für den Betrieb der Reparaturanlage und eine übliche Gewinnspanne in den Preis einfließen.[447] Die Höhe der Gegenleistung – und damit eine der ganz entscheidenden praktischen Hürden von Reparaturen[448] – lässt die Kommission unreguliert. Der IMCO schlägt vor, dass Hersteller Verbrauchern während der Reparaturdauer eine Ersatzware zur Verfügung stellen müssen und die Reparatur binnen 15 Tagen erfolgen muss.[449]

d) Keine Reparaturpflicht bei Unmöglichkeit der Reparatur

Nach Art. 5 Abs. 1 S. 2 ist der Hersteller nicht zur Reparatur verpflichtet, wenn eine Reparatur unmöglich ist. Dabei nimmt die Kommission sowohl die faktische als auch die rechtliche Unmöglichkeit in den Blick.[450] Aus rein

---

444 IMCO, Berichtsentwurf vom 26.6.2023, 2023/0083(COD), Änderungsanträge 7 und 29.

445 Kommissionsvorschlag, COM(2023) 155 final, EG 12.

446 Kommissionsvorschlag, COM(2023) 155 final, EG 12.

447 Kommissionsvorschlag, COM(2023) 155 final, EG 12.

448 Dazu oben, B.II.4.

449 IMCO, Berichtsentwurf vom 26.6.2023, 2023/0083(COD), Änderungsantrag 28. Vgl. dazu auch unten, E.VII.2.

450 Kommissionsvorschlag, COM(2023) 155 final, EG 19.

wirtschaftlichen Gründen (etwa wegen hoher Kosten für Ersatzteile) soll die Reparatur dagegen nicht verweigert werden können.[451] Der IMCO will das durch eine präzisere Gesetzesfassung klarstellen.[452]

e) Zugang zu Ersatzteilen, reparaturbezogenen Informationen und Werkzeugen

Gem. Art. 5 Abs. 3 des Vorschlags stellen Hersteller sicher, dass unabhängige Reparaturbetriebe Zugang zu Ersatzteilen und reparaturbezogenen Informationen und Werkzeugen im Einklang mit den in Anhang II aufgeführten Rechtsakten der Union haben. Auch insofern sieht der Vorschlag also eine enge Verzahnung mit dem europäischen Ökodesign-Recht vor. Art. 5 Abs. 3 soll sicherstellen, dass nicht nur die Hersteller sondern auch andere Reparaturbetriebe die Reparaturen technisch vornehmen können, so dass Verbraucher einen Reparaturbetrieb ihrer Wahl bestimmen können.[453] Der Vorschlag regelt nicht, welche Preise die Hersteller für den entsprechenden Zugang aufrufen können. Die Pflichten aus Art. 5 Abs. 3 sollen unmittelbar nach der Umsetzung der Richtlinie durch die Mitgliedstaaten gelten. Eine 24-monatige „Schonfrist" für Altverträge sieht Art. 16 Abs. 1 nämlich nur für Art. 5 Abs. 1 und Abs. 2 vor. Sie würde für die Zugangsrechte aus Art. 5 Abs. 3 auch wenig Sinn ergeben, weil diese Rechte nicht vertragsbezogen sind.

f) Informationspflichten des Herstellers (Art. 6)

Gem. Art. 6 des Vorschlags müssen die Hersteller Verbraucherinnen über ihre Pflicht zur Reparatur aus Art. 5 informieren und Informationen über die Reparaturdienstleistungen in leicht zugänglicher, klarer und verständlicher Weise bereitstellen, beispielsweise über die in Art. 7 geregelte Online-Plattform.[454] Die Informationspflichten gelten gem. Art. 16 Abs. 1 erst nach

---

451 Kommissionsvorschlag, COM(2023) 155 final, EG 19.
452 IMCO, Berichtsentwurf vom 26.6.2023, 2023/0083(COD), Änderungsantrag 27: „The producer shall not be obliged to repair such goods where repair is factually or legally impossible. The producer shall not refuse the consumer's request purely due to economic considerations such as the costs."
453 Kommissionsvorschlag, COM(2023) 155 final, EG 14.
454 Zur Online-Plattform unten, E.V.

einer 24-monatigen „Schonfrist". Das ist konsequent, denn auch das neue
„Recht auf Reparatur" aus Art. 5 Abs. 1 und Abs. 2 besteht nicht für Altverträge. Der IMCO schlägt auch hier eine Umsetzung binnen 12 Monaten
vor.[455] In welcher Weise die Herstellerin ihre Informationspflichten erfüllt,
soll ihr frei stehen.[456] Die Informationspflichten sollen die Transparenz
der verfügbaren Reparaturdienstleistungen verbessern und das Bewusstsein
der Verbraucher stärken, dass Reparaturen verfügbar sind.[457] In den Informationen sollen die entsprechenden Waren angegeben werden; auch soll
erläutert werden, dass Reparaturen für diese Waren durchgeführt werden
und in welchem Umfang dies erfolgt. Der IMCO schlägt weitergehend vor,
dass Reparaturbetriebe alle reparaturbezogene Informationen wie Reparaturpreise und Ersatzteilpreise online verfügbar machen.[458] Dieser Erweiterungsvorschlag ist auch aus Sicht des Handwerks sinnvoll.

3. Bewertung und Kritik

a) Chancen und positive Facetten des „Recht auf Reparatur" i.e.S.

Die Idee eines „Rechts auf Reparatur" außerhalb des Gewährleistungsrechts ist mit Blick auf die Nachhaltigkeitsziele des Kommissionsvorschlags
grundsätzlich begrüßenswert und kann einen Beitrag zur Förderung von
Reparaturen leisten.[459] Das „Recht auf Reparatur" i.e.S. würde in der Fassung des Kommissionsvorschlags vor allem eine ergänzende privatrecht-
liche Durchsetzung öffentlich-rechtlicher Pflichten aus dem Ökodesign-
Recht bedeuten.[460] Begrüßenswert ist, dass die Reparaturpflicht grundsätzlich auf die Hersteller beschränkt sein soll. Statt ihrer die Verkäuferinnen
in die Pflicht zu nehmen, wäre wohl weniger effizient, zumal Verkäufern

---

455 IMCO, Berichtsentwurf vom 26.6.2023, 2023/0083(COD), Änderungsanträge 20,
53, 55 und 56.
456 Kommissionsvorschlag, COM(2023) 155 final, EG 20.
457 Kommissionsvorschlag, COM(2023) 155 final, EG 20.
458 IMCO, Berichtsentwurf vom 26.6.2023, 2023/0083(COD), Änderungsantrag 31.
459 S. auch *Seitz*, Das Recht auf Reparatur – Balanceakt zwischen Ressourcenschutz
und ausufernder Herstellerhaftung, GWR 2023, 150 (151 f.), der allerdings erhebliche
Herausforderungen für die Hersteller beklagt.
460 Zum Potenzial des Privatrechts in diesem Kontext s. auch *Schlacke/Tonner/Gawel*,
Nachhaltiger Konsum – integrierte Beiträge von Zivilrecht, öffentlichem Recht und
Rechtsökonomie zur Steuerung nachhaltiger Produktnutzung, JZ 2016, 1030 (1035);
Kieninger, Recht auf Reparatur („Right to Repair") und Europäisches Vertragsrecht,
ZEuP 2020, 264 (271 f.).

häufig die Kompetenzen und Ressourcen fehlen dürften, um die Reparaturen effektiv vornehmen zu können. Eine Erweiterung der Reparaturpflicht auf unabhängige Reparaturbetriebe wäre ohnedies nicht begründbar. Für das Handwerk dürfte die Beschränkung der Reparaturpflicht auf Hersteller vorteilhaft sein: Handwerksbetriebe können sich auf Reparaturmärkten durch das Angebot fachkundiger Reparaturen im Wettbewerb durchzusetzen versuchen. Sie können aber auch neue Tätigkeitsfelder erschließen bzw. bestehende erweitern, indem sie vermehrt im Auftrag der Hersteller Reparaturen durchführen. Diese Betätigungschance ist durch die Untervergabemöglichkeit des Art. 5 Abs. 1 S. 3 geschützt. Dadurch bringt das „Recht auf Reparatur" i.e.S. für das Handwerk durchaus Marktchancen mit sich. Begrüßenswert ist, dass die Kommission das Recht auf Reparatur auch gegenüber Herstellern mit Sitz außerhalb der Union gewährleisten will. Allerdings ist die dazu dienende Regelung des Art. 5 Abs. 2 lückenhaft und ergänzungsbedürftig.

b) Zur Begrenzung auf Waren mit Anforderungen an die Reparierbarkeit

Die im Kommissionsvorschlag vorgesehene Begrenzung der Reparaturpflicht auf Waren mit Anforderungen an die Reparierbarkeit nach dem europäischen Ökodesign-Recht wird von verschiedenen Seiten kritisiert.[461] Der Verbraucherzentrale Bundesverband weist etwa darauf hin, dass bei diesen Waren ohnehin schon die Möglichkeit bestehe, freie Reparaturdienstleister, Händler oder Repaircafés mit der Reparatur zu betrauen: Denn bei diesen Waren sei für den jeweils festgelegten Zeitraum Ersatzteilverfügbarkeit vorgegeben.[462] Eine rasche Ausweitung der betroffenen Produkte sei wegen der langwierigen Gesetzgebungsverfahren nicht zu erwarten.[463] Was den letztgenannten Punkt anbelangt, übersieht der Verbraucherzentrale Bundesverband die in Art. 5 Abs. 4 des Vorschlags vorgesehene Befugnis der Kommission, Rechtsakte zur Änderung von Anhang II zu erlassen. Diese Befugnis dürfte zu einer erheblichen Beschleunigung füh-

---

461 *Augenhofer/Küter*, Recht auf oder Pflicht zur Reparatur? – Gedanken zum Vorschlag für eine RL über gemeinsame Vorschriften zur Förderung der Reparatur von Waren, VuR 2023, 243 (248 f.); *Verbraucherzentrale Bundesverband*, Stellungnahme 2023. Vgl. auch schon oben, E.IV.2.a).

462 *Verbraucherzentrale Bundesverband*, Stellungnahme 2023.

463 *Verbraucherzentrale Bundesverband*, Stellungnahme 2023.

ren. Gerade das kritisiert freilich der BHT, auch weil die Beschleunigung Intransparenz über die erfassten Produkte bewirken könne.[464] Dadurch dass neu betroffene Produktgruppen außerhalb des ordentlichen Gesetzgebungsverfahrens geregelt würden, würden kleinen und mittleren Unternehmen Einflussmöglichkeiten entzogen.[465] Diese Kritik ist nachvollziehbar, auch wenn die Beschleunigung den zentralen Nachhaltigkeitszielen des Vorschlags dient. Art. 15 sieht immerhin gewisse (Art. 290 Abs. 2 AEUV entsprechende) „checks and balances" vor: Die Befugnisübertragung steht gem. Art. 15 Abs. 3 unter Vorbehalt des Widerrufs durch das Europäische Parlament oder den Rat. Auch muss die Kommission die von den einzelnen Mitgliedstaaten benannten Sachverständigen konsultieren (Art. 15 Abs. 4). Zudem treten die delegierten Rechtsakte nur in Kraft, wenn weder das Europäische Parlament noch der Rat Einwände erheben (Art. 15 Abs. 5). Mit scharfem Blick notiert der BHT, dass die erfassten Waren teilweise nicht mit der Beschränkung des Vorschlags auf Verbraucherrechte konsistent sind: In der Tat dürfte kaum jemand als Verbraucherin Kühlgeräte mit Direktverkaufsfunktion reparieren lassen.[466]

Es könnte indes von vornherein zu einer deutlichen Ausweitung kommen – nicht erst durch delegierte Rechtsakte der Kommission, sondern schon in der Richtlinie selbst: Der IMCO schlägt vor, die in Anhang II aufgeführten Produkte zu erweitern, so dass vor allem auch Kraftfahrzeuge, Fahrräder und Batterien erfasst wären.[467] Zudem soll die Reparaturpflicht nach dem Vorschlag des IMCO nicht lediglich in dem Ausmaß bestehen, in dem die Reparierbarkeit durch die Ressourceneffizienzanforderungen des europäischen Ökodesign-Rechts vorgegeben ist.[468] Die vom IMCO vorgeschlagenen Erweiterungen würden den Anwendungsbereich des „Rechts auf Reparatur" i.e.S. erheblich erweitern und könnte dazu beitragen, den Nachhaltigkeitszielen der Kommission näher zu kommen. Beispielsweise haben Elektrofahrzeuge höchste Umweltrelevanz: Sie sind teuer, potenziell

---

464   *Bayerischer Handwerkstag*, Stellungnahme zum Recht auf Reparatur (2023).

465   *Bayerischer Handwerkstag*, Stellungnahme zum Recht auf Reparatur (2023).

466   Vgl. Anhang II Nr. 3 Kommissionsvorschlag, COM(2023) 155 final. Auch die *European Vending & Coffee Service Association* weist in ihrer Stellungnahme auf diese Problematik hin, vgl. *European Vending & Coffee Service Association*, Stellungnahme (2023), 2 f.

467   IMCO, Berichtsentwurf vom 26.6.2023, 2023/0083(COD), Änderungsantrag 27 und Änderungen zu Anhang II. Vgl. auch schon oben, oben, E.IV.2.a).

468   IMCO, Berichtsentwurf vom 26.6.2023, 2023/0083(COD), Änderungsantrag 27 und Änderungen zu Anhang II. Vgl. näher oben, E.IV.2.a)

langlebig und verfügen über eine zentrale Schwachstelle – nämlich die Batterie, deren Reparatur sehr kostspielig und aufwändig ist.[469] Mit den Interessen der Hersteller wäre die Erweiterung durchaus zu vereinbaren: Sie bleiben ja auch nach den Vorschlägen des IMCO dadurch geschützt, dass sie Reparaturen nur gegen Entgelt vornehmen müssen.[470] Noch weiter reicht der Ergänzungsvorschlags des Verbraucherzentrale Bundesverbands, der folgende Produktgruppen erfassen möchte: alle energieverbrauchsrelevanten Produkte, Spielzeug, Textilien, Möbel, Freizeit- und Sportprodukte.[471] Auch diese Erweiterungen leuchten insofern ein, als bei diesen Produktgruppen besonders hohes Nachhaltigkeitspotenzial liegen dürfte. *Augenhofer* und *Küter* gehen noch einen Schritt weiter: Ihnen zufolge sollte das neue „Recht auf Reparatur" *alle* Waren i.S.d. Art. 3 (gemeint wohl: Art. 2 Nr. 5) Warenkauf-RL erfassen.[472] Das wirkt auf den ersten Blick kühn, wären doch selbst Waren erfasst, bei denen auf ein „Recht auf Reparatur" scheinbar sinnlos ist – beispielsweise Schnittblumen. Indes besteht die Reparaturpflicht ja ohnehin nicht, wenn die Reparatur unmöglich ist (Art. 5 Abs. 1 S. 2).[473] Und bei sehr aufwändigen Reparaturen wird die Gegenleistung der Hersteller so hoch bemessen werden, dass solche Reparaturen selten bleiben dürften.

Wenn im weiteren Gesetzgebungsverfahren der Erweiterungsvorschlag des IMCO verwirklicht würde, wäre dies aus Nachhaltigkeitsgründen begrüßenswert. Sie wäre auch mit den Interessen des Handwerks vereinbar, weil auch herstellende Handwerksbetriebe nur gegen ein Entgelt zur Reparatur verpflichtet wären.[474] Auch besteht selbstverständlich weiterhin die Unmöglichkeitseinrede, wenn Reparaturen technisch ausgeschlossen oder notwendige Ersatzteile nicht verfügbar sind.[475] Wünschenswert wäre allerdings eine Ergänzung um eine an den Grundgedanken des § 275 Abs. 2 BGB angelehnte Einwendung, um das Handwerk vor zu aufwändigen Reparaturen zu schützen und diejenigen Reparaturen möglichst zu vermei-

---

469 Vgl. *LKQ Europe*, Stellungnahme (2023).
470 Vgl. auch oben, oben, E.IV.2.a).
471 *Verbraucherzentrale Bundesverband*, Stellungnahme 2023.
472 *Augenhofer/Küter*, Recht auf oder Pflicht zur Reparatur? – Gedanken zum Vorschlag für eine RL über gemeinsame Vorschriften zur Förderung der Reparatur von Waren, VuR 2023, 243 (248 f.).
473 *Augenhofer/Küter*, Recht auf oder Pflicht zur Reparatur? – Gedanken zum Vorschlag für eine RL über gemeinsame Vorschriften zur Förderung der Reparatur von Waren, VuR 2023, 243 (248 f.); vgl. auch oben, E.IV.2.a).
474 S. oben, E.IV.2.a).
475 S. oben, E.IV.2.a).

den, die aus Nachhaltigkeitsgründen wenig sinnvoll sind: Das „Recht auf Reparatur" i.e.S. sollte ausgeschlossen sein, wenn die Reparatur unverhältnismäßig aufwändig oder besonders ressourcenintensiv wäre.

c) Unzumutbare Herstellerbelastung?

Seitz beklagt, dass der Regelungsvorschlag zu neuen und teils schwer zu bewältigenden Problemen für die Hersteller führen könnte.[476] So könne etwa bei bestimmten Produkten das neue „Recht auf Reparatur" zu einer „Haftungszeit" bis zu zehn Jahren führen.[477] Freilich ist die Rede von einer „Haftungszeit" in diesem Kontext etwas irreführend: Das neue „Recht auf Reparatur" i.e.S. führt ja keineswegs zur „Haftung" im juristisch üblichen Wortsinn,[478] denn die Hersteller sollen keineswegs ohne Entgelt für einen Schaden einstehen. Vielmehr sollen sie die Reparatur lediglich im Rahmen des Möglichen und vor allem gegen ein angemessenes Entgelt durchführen. Auch darin liegen gewiss Herausforderungen. Beispielsweise müssen Ersatzteile für einen langen Zeitraum vorgehalten werden, Logistik und Organisation müssen angepasst werden. Die Hersteller dürften diese Herausforderungen allerdings bewältigen können, zumal ihr Aufwand über das Entgelt für Reparaturen oder Preisaufschläge bei neuen Produkten entlohnt werden kann. Für die Nachhaltigkeitseffekte der Reparaturpflicht wäre es nachteilig, Ausnahmen für bestimmte Defekte (etwa wegen Verschleißes, Abnutzung oder Verbraucherverschuldens) vorzusehen.[479] Hersteller könnten sich ihrer Reparaturpflicht dann leicht entziehen, indem sie sich auf Verschleiß, Abnutzung oder Verbraucherverschulden berufen. Auch sind die Hersteller, um es zu wiederholen, angemessen geschützt: Sie müssen Reparaturen nur gegen ein angemessenes Entgelt durchführen und können die Reparaturen auch untervergeben (Art. 4 Abs. 3). Denkbar ist, dass die Marktpreise für manche Produkte steigen werden.[480] Diese Konsequenz

---

476 *Seitz*, Das Recht auf Reparatur – Balanceakt zwischen Ressourcenschutz und ausufernder Herstellerhaftung, GWR 2023, 150 (151).

477 *Seitz*, Das Recht auf Reparatur – Balanceakt zwischen Ressourcenschutz und ausufernder Herstellerhaftung, GWR 2023, 150 (151).

478 *Arnold/Bydlinski*, BGB – Schuldrecht Allgemeiner Teil (2020), Rn. 118 ff.

479 In diese Richtung aber *Seitz*, Das Recht auf Reparatur – Balanceakt zwischen Ressourcenschutz und ausufernder Herstellerhaftung, GWR 2023, 150 (151).

480 Vgl. auch *Seitz*, Das Recht auf Reparatur – Balanceakt zwischen Ressourcenschutz und ausufernder Herstellerhaftung, GWR 2023, 150 (151).

muss aber nicht zwingend als nachteilig bewertet werden, im Gegenteil: Reparaturen können sich umso leichter durchsetzen, je günstiger sie im Verhältnis zu einer Neuanschaffung sind.[481] Höhere Marktpreise für neue Produkte könnten das Pendel in manchen Fällen eher zugunsten der Reparatur ausschlagen lassen. Natürlich spielen auch die Preise der Reparaturen eine zentrale Rolle.[482] So wird zu Recht darauf hingewiesen, dass Reparaturen letztlich nur gefördert werden können, „wenn die Hersteller für die Reparatur keine exorbitanten Marktpreise aufrufen."[483] Diese Problematik lässt der Kommissionsvorschlag unberührt, wie im Folgenden näher ausgeführt wird.

d) Fehlende Antwort auf das Problem hoher Reparaturpreise

Das „Recht auf Reparatur" i.e.S. besteht nur gegen eine Gegenleistung. Das ist im Ausgangspunkt begrüßenswert, schon deshalb, weil eine kostenlose Reparaturverpflichtung der Hersteller unerwünschte Verhaltensanreize setzen würde: Selbst mutwillige Beschädigungen der Sache wären aus Nutzersicht nicht weiter schlimm, weil die Sache im Anschluss kostenlos vom Hersteller repariert werden müsste. Durch die Gegenleistungspflicht ist sichergestellt, dass Menschen weiterhin im Eigeninteresse sorgfältig mit ihren Waren umgehen. Gleichwohl ist in der Praxis der oft vergleichsweise hohe Preis von Reparaturen ein ganz entscheidendes Hindernis für Reparaturen:[484] Wenn der Neukauf einer vielleicht sogar besseren Ware unter dem Reparaturpreis eines „alten" Geräts liegt, wird es kaum je zu Reparaturen kommen – abgesehen von wenigen Reparaturverträgen, die aus ideellen Gründen von Menschen geschlossen werden, denen Nachhaltigkeit eine Herzensangelegenheit ist. Das Preisproblem verlagert die Kommission auf den Markt und den Wettbewerb:

„Dass ein solcher Vertrag erforderlich ist, sowie der Wettbewerbsdruck durch andere Reparaturbetriebe sollte die zur Reparatur verpflichteten

---

481 Vgl. oben, B.
482 S. auch schon oben, B.II.4. Die Preisgestaltung der Hersteller muss im Blick bleiben, um positive Effekte zu erzielen, dazu weiterführend *Jin/Yang/Zhu*, Right to Repair: Pricing, Welfare, and Environmental Implications, 69 (2) Management Science 2022, 1017.
483 *Seitz*, Das Recht auf Reparatur – Balanceakt zwischen Ressourcenschutz und ausufernder Herstellerhaftung, GWR 2023, 150 (151).
484 Näher dazu schon oben, B.II.4.

Hersteller dazu bringen, die Preise für die Verbraucher annehmbar zu halten."

Hersteller können allerdings oft durch den Neuverkauf von Waren höhere Gewinne generieren als durch die Reparatur. Wenn durch hohe Kosten für Ersatzteile oder Schwierigkeiten beim Zugang zu nötigen Unterlagen oder Daten wenig Wettbewerb zwischen Reparaturbetrieben besteht, können auf unregulierten Märkten leicht überhöhte Reparaturpreise entstehen, die nachhaltige Verbraucherentscheidungen verhindern. Der Verbraucherzentrale Bundesverband hält die hohen Reparaturkosten für ein faktisches Hauptproblem der Reparatur.[485] Zugleich weist der Bayerischen Handwerkstags (BHT) darauf hin, dass sich wegen geringer Gewinnspannen ohnehin nur wenige Betriebe der Reparatur von Haushaltsgeräten widmen.[486] Regulativ sind die Reparaturpreise eine besondere Herausforderung. Selbstverständlich muss Reparaturbetrieben die Möglichkeit bleiben, angemessene Entgelte auf Reparaturmärkten zu erzielen. Auch lassen sich zentrale Parameter – wie die in Deutschland vergleichsweise hohen Lohnnebenkosten – schwer verändern. Als das schließt jedoch nicht aus, dass das Recht über differenzierte Steuerungsmechanismen positiven Einfluss auf die Preisbildung nehmen kann.[487] Der IMCO schlägt beispielsweise vor, Zugang zu Ersatzteilen und allen reparaturbezogenen Informationen und Werkzeugen zu vertretbaren Kosten und in diskriminierungsfreier Weise zu gewährleisten.[488] Dieser Vorschlag ist aus der Perspektive des Handwerks begrüßenswert.

e) Fehlende Regelungen zum Datenzugang

Begrüßenswert ist, dass gem. Art. 5 Abs. 3 unabhängige Reparaturbetriebe Zugang zu Ersatzteilen und reparaturbezogenen Informationen und Werkzeugen erhalten müssen. Wünschenswert wäre die Ergänzung, dass der Zugang zu einem angemessenen Entgelt ermöglicht werden muss. Völlig

---

485 *Verbraucherzentrale Bundesverband*, Stellungnahme 2023.
486 *Bayerischer Handwerkstag*, Stellungnahme zum Recht auf Reparatur (2023).
487 Dazu noch näher unten, G. Ansätze bei *Micklitz/Mehnert/Specht-Riemenschneider/Liedtke/Kenning*, Recht auf Reparatur (2022), 43 f.
488 IMCO, Berichtsentwurf vom 26.6.2023, 2023/0083(COD), Änderungsantrag 6.

fehlen – was der BHT ebenso wie der ZDH zu Recht bemängeln[489] – Regelungen zum Datenzugang. Dieser ist in einer zunehmend digitalisierten und vernetzten Warenwelt oft unerlässlich, damit Reparaturen erfolgreich durchgeführt werden können.[490] Beispielsweise ist Datenzugang bei „smart home"-Applikationen oder vernetzten Haushaltsgeräten erforderlich. Der Vorschlag sollte daher um Regelungen über einen einfachen und schnellen Datenzugang ergänzt werden. Beim Datenzugang darf ebenso wenig wie beim Zugang zu Ersatzteilen, reparaturbezogenen Informationen und Werkzeugen die Preisproblematik ignoriert werden: Der bloße Zugang zu Daten, Ersatzteilen, reparaturbezogenen Informationen oder Werkzeugen genügt nicht, wenn die dafür zu zahlenden Preise so hoch sind, dass mit Reparaturen keine Gewinne mehr erzielt werden können.[491] Insoweit wäre aus der Perspektive des Handwerks zu hoffen, dass der vom IMCO vorgeschlagene Zugang zu allen reparaturbezogenen Werkzeugen und Informationen zu vertretbaren Kosten und in diskriminierungsfreier Weise[492] auch auf den Zugang zu reparaturerforderlichen Daten erstreckt wird.

V. Online-Plattform für Reparaturen und überholte Waren (Art. 7 des Vorschlags)

1. Grundidee und Ausgestaltung

a) Zielsetzung

Art. 7 des Vorschlags sieht eine Matchmaking-Reparaturplattform im Internet vor, um Verbraucherinnen die Kontaktaufnahme zu Reparaturbetrieben und Verkäuferinnen instandgesetzter Waren in ihrer Region zu ermöglichen. Die Plattform soll Suchen nach Standorten und Qualitätsstandards ermöglichen, den Verbraucherinnen helfen, attraktive Angebote zu finden, und die Sichtbarkeit von Reparaturbetrieben erhöhen. Ziel ist es, durch benutzerfreundliche und unabhängige Vergleichsinstrumente Verbrauche-

---

489 *Bayerischer Handwerkstag*, Stellungnahme zum Recht auf Reparatur (2023); *Zentralverband des Deutschen Handwerks*, Stellungnahme 2023.

490 *Mehnert*, Reparaturen für alle? – Rechtliche Perspektiven des „Right to repair", ZRP 2023, 9 (11).

491 Vgl. auch *Bayerischer Handwerkstag*, Stellungnahme zum Recht auf Reparatur (2023).

492 IMCO, Berichtsentwurf vom 26.6.2023, 2023/0083(COD), Änderungsantrag 6.

rinnen eine Bewertung und einen Vergleich verschiedener Reparaturdienstleister zu ermöglichen und Anreize dafür zu setzen, dass Verbraucher sich für Reparatur statt Neuanschaffung entscheiden.[493]

b) Ausgestaltung der „Matchmaking-Reparaturplattform"

Gem. Art. 7 Abs. 1 sollen die Mitgliedstaaten sicherstellen, dass für ihr Hoheitsgebiet mindestens eine Online-Plattform besteht, auf der Verbraucherinnen Reparaturbetriebe finden können. Art. 7 Abs. 1 sieht eine Reihe von Anforderungen an diese Plattform vor, etwa eine vorhandene Suchfunktionen bezüglich Waren, Standort der Reparaturdienstleistungen, Reparaturbedingungen einschließlich Dauer, Verfügbarkeit vorübergehender Ersatzwaren, Ort der Warenübergabe, Verfügbarkeit und Bedingungen von Zusatzleistungen wie Entfernung, Montage und Transport sowie geltende Qualitätsstandards (lit. a). Es soll auch eine Möglichkeit für die Verbraucher bestehen, das Europäische Formular für Reparaturinformationen über die Plattform anzufordern (lit. b). Die Reparaturbetriebe sollen angeben können, ob sie europäische oder nationale Qualitätsstandards einhalten. Nach Art. 7 Abs. 2 sollen die Mitgliedstaaten sicherstellen, dass die Online-Plattform auch eine Suchfunktion nach Produktkategorien umfasst, um Verkäuferinnen von überholten (refurbished) Waren bzw. Käufer von fehlerhaften Waren zur Überholung zu finden. Dadurch will die Kommission auch *refurbishment* und überholte Waren fördern.[494] Art. 7 Abs. 3 sieht vor, dass die Registrierung auf der Plattform für Reparaturbetriebe und Verkäufer von überholten Waren ebenso freiwillig ist wie für Käufer fehlerhafter Waren zur Überholung. Die Nutzung soll für Verbraucherinnen kostenlos sein.

2. Bestehende Plattformen und Ausdehnungsoptionen

In EG 21 stellt die Kommission klar, dass die Plattform bereits bestehen und auch privat betrieben werden kann, wenn sie die in der Richtlinie festgelegten Bedingungen erfüllt.[495] Die Kommission stellt es in EG 21

---

493 Kommissionsvorschlag, COM(2023) 155 final, EG 21 und EG 22.
494 Kommissionsvorschlag, COM(2023) 155 final, EG 26 (Förderung als Alternative zur Reparatur oder zum Kauf neuer Waren).
495 Kommissionsvorschlag, COM(2023) 155 final, EG 21.

den Mitgliedstaaten frei, die Plattform auch auf Geschäftsbeziehungen zwischen Unternehmen (b2b) und auf Reparaturinitiativen lokaler Gemeinschaften auszudehnen. EG 22 zufolge sollen sich Reparaturbetriebe aus anderen Mitgliedstaaten registrieren können, um grenzüberschreitende Reparaturdienstleistungen zu unterstützen.[496] Die Art und Weise der Datengenerierung soll von den Mitgliedstaaten geregelt werden, ebenso, ob teilnehmende Reparaturbetriebe eine Registrierungsgebühr zur Kostendeckung entrichten sollen. Auch über die Erweiterung und Registrierung von privaten Reparaturinitiativen wie Reparaturcafés sollen die Mitgliedsstaaten entscheiden.

3. Bewertung und Kritik

Eine „Matchmaking-Plattform" für Reparaturen ist grundsätzlich eine gute Idee, weil sie helfen kann, dass Anfrage und Angebot bei Reparaturen zusammenkommen und so mehr Reparaturen verwirklicht werden. Der Erfolg einer solchen Plattform hängt natürlich vor allem davon ab, ob sie in der Praxis ausreichend mit Leben gefüllt wird. Ein verpflichtender Ansatz ginge an der Realität etwa kleiner Fahrradreparaturwerkstätten vorbei, die weder Bedarf noch Kapazität für eine Online-Präsenz haben. Auch weist der ZDH (Zentralverband des Deutschen Handwerks) zurecht darauf hin, dass die Nutzung „so unkompliziert und intuitiv wie möglich ausgestaltet sein" muss.[497] Sicher richtig ist, dass die Nutzung für Verbraucher kostenlos ist, um niemanden von der Nutzung abzuschrecken. Aus guten Gründen moniert der ZDH, dass die Nutzung und Registrierung auch für Betriebe kostenlos sein sollte. Andernfalls könnten viele Reparaturbetriebe nicht teilnehmen, wodurch das Reparaturpotenzial unausgeschöpft bliebe.[498] Der ZDH weist auf die schon bestehenden, von Fachverbänden bereitgestellten gewerksspezifischen Plattformen hin, bei denen gelistete Betriebe regelmäßig besondere Qualitätsstandards erfüllen.[499] Die Wettbewerbsfähigkeit und Relevanz solcher bereits bewährter Online-Plattformen dürfe durch die neu vorgesehene Online-Plattform nicht beeinträchtigt werden.[500]

---

496 Kommissionsvorschlag, COM(2023) 155 final, EG 22.
497 *Zentralverband des Deutschen Handwerks,* Stellungnahme 2023.
498 *Zentralverband des Deutschen Handwerks,* Stellungnahme 2023.
499 *Zentralverband des Deutschen Handwerks,* Stellungnahme 2023.
500 *Zentralverband des Deutschen Handwerks,* Stellungnahme 2023.

VI. Europäischer Qualitätsstandard

Als Maßnahme ohne Regulierungscharakter will die Kommission einen europäischen Qualitätsstandard für Reparaturdienstleistungen entwickeln. So sollen Reparaturbetriebe ermittelt werden können, die sich zu einer höheren Qualität verpflichten. Der europäische Qualitätsstandard entspricht der in der Initiative „Nachhaltiger Konsum von Gütern – Förderung von Reparatur und Wiederverwendung"[501] diskutierten „Option 1", die in Anreizen zu freiwilligen Maßnahmen und Unternehmensverpflichtungen bestand. Zur Entwicklung des Standards soll die Kommission nach EG 28 beispielsweise die Zusammenarbeit zwischen Unternehmen, Behörden und anderen Interessenträgern an einem Standard fördern und erleichtern.[502] Ziel ist es, das Vertrauen der Verbraucher in Reparaturdienstleistungen in der gesamten Union zu stärken. Als Beispiele für mögliche Aspekte, die ein Standard umfassen könnte, nennt die Kommission beispielhaft die Reparaturdauer, die Verfügbarkeit vorübergehender Ersatzwaren, Qualitätssicherungen, gewerbliche Reparaturgarantien und die Verfügbarkeit von Zusatzleistungen (Ausbau, Montage, Transport).[503] Das Handwerk könnte seine Reputation auf dem Reparaturmarkt durch die Teilnahme an einem solchen Standard ausbauen. Allerdings sollten die formalen Hürden für die Beteiligung an einem europäischen Qualitätsstandard niedrig gehalten werden, um Wettbewerbsnachteile für kleinere Handwerksbetriebe zu vermeiden.

---

501 https://ec.europa.eu/info/law/better-regulation/have-your-say/initiatives/13150-Nachhaltiger-Konsum-von-Gutern-Forderung-von-Reparatur-und-Wiederverwendung_de.

502 Kommissionsvorschlag, COM(2023) 155 final, EG 28.

503 *Augenhofer* und *Küter* plädieren für einen einheitlichen Mindestreparaturqualitätsstandard, der auch Ersatzgeräte bei Überschreiten einer bestimmten Reparaturzeit umfasst, vgl. *Augenhofer/Küter*, Recht auf oder Pflicht zur Reparatur? – Gedanken zum Vorschlag für eine RL über gemeinsame Vorschriften zur Förderung der Reparatur von Waren, VuR 2023, 243 (247).

VII. Gesamtbewertung des Kommissionsvorschlags

1. Die Förderung von Reparaturen als Zukunftsaufgabe des europäischen Privatrechts

Der Vorschlag der Kommission benennt klar das Problem frühzeitiger Obsoleszenz, beschreibt die nachhaltigkeitsschädlichen Konsequenzen dieses Problems und zeigt einen entsprechenden Regulierungsbedarf auf, zu dem auch die Förderung von Reparaturen gehört. Der Vorschlag ist daher ein wichtiger Meilenstein auf dem Weg zu einem europäischen Privatrecht, in dem das Nachhaltigkeitsprinzip eine herausragende Stellung einnimmt. Der Vorschlag verdeutlicht zudem, dass auch das Privatrecht zur Verwirklichung von Gemeinwohlzielen – wie etwa der Nachhaltigkeit – fruchtbar gemacht werden kann.[504]

2. Zentrale Kritikpunkte

Der Kommissionsvorschlag gibt freilich auch Anlass zu Kritik. Viele einzelne Schwächen sind oben bereits eingehend dargelegt worden. Insgesamt ist die Effizienz des Vorschlags zweifelhaft: Seine Umsetzung – jedenfalls in der Fassung des Kommissionsvorschlags – würde die ehrgeizigen Ziele in der Praxis wohl verfehlen und Reparaturen kaum spürbar fördern.[505] Teilweise überschätzt der Kommissionsvorschlag Selbstregulierungskräfte. So setzt er häufig auf das Informationsmodell, um nachhaltige Entscheidungen zu ermöglichen.[506] Doch von minutiösen Informationen in einem Formular hin zu einer nachhaltigen Verbraucherentscheidung für Reparatur statt Neukauf oder Entsorgung ist ein weiter Weg mit vielen Hürden. Viele dieser Hürden nimmt der Vorschlag nicht ausreichend ernst. Zu ihnen gehören die Reparaturkosten, der Zugang zu Ersatzteilen, die Verfügbarkeit von Reparaturen möglichst in der Nähe der Verbraucher und die Bereitstellung von Ersatzgeräten während der Reparatur. Das Kostenverhältnis von Reparatur und Ersatzbeschaffung und damit eine der zentralen

---

504 *Arnold*, Gemeinwohltopoi im Privatrecht (2020), 451; vgl. auch *Schirmer*, Nachhaltigkeit in den Privatrechten Europas, ZEuP 2021, 35; *Kryla-Cudna*, Sales Contracts and the Circular Economy, European Review of Private Law 2020, 1207.

505 So auch im Ergebnis *Augenhofer/Küter*, Recht auf oder Pflicht zur Reparatur? – Gedanken zum Vorschlag für eine RL über gemeinsame Vorschriften zur Förderung der Reparatur von Waren, VuR 2023, 243 (245).

506 Näher dazu *Arnold*, Vertrag und Verteilung (2014), 359 ff.

Stellschrauben für den praktischen Erfolg von Reparaturen[507] bleibt im Kommissionsvorschlag weitgehend unberücksichtigt. Begrüßenswert wäre an vielen Punkten, wenn sich die Änderungsvorschläge des IMCO durchsetzen könnten. So wäre aus der Perspektive des Handwerks beispielsweise der Zugang zu Ersatzteilen und allen reparaturbezogenen Informationen und Werkzeugen zu vertretbaren Kosten und in diskriminierungsfreier Weise äußerst begrüßenswert.[508] Das „Recht auf Reparatur" i.e.S. wäre in Form des Kommissionsvorschlags vor allem deshalb kaum effektiv, weil die Reparaturpflicht auf wenige Waren mit Anforderungen an die Reparierbarkeit nach europäischem Recht begrenzt ist und auch nur so weit reicht wie diese Anforderungen jeweils gehen. Deutlich effektiver wäre es, wenn sich die Erweiterungsvorschläge des IMCO durchsetzen würden: Danach wären jedenfalls auch Kraftfahrzeuge, Fahrräder und Batterien erfasst und die Reparaturpflicht nicht nach Maßstab der jeweiligen Ressourceneffizienzanforderungen des europäischen Ökodesign-Rechts begrenzt.[509] Diese Erweiterung wäre aus Nachhaltigkeitsgründen begrüßenswert und auch mit den Interessen des Handwerks vereinbar. Wünschenswert wäre allerdings eine Einwendung, um das Handwerk vor allzu aufwändigen Reparaturen zu schützen und nachhaltigkeitsschädliche Reparaturen zu vermeiden: Das „Recht auf Reparatur" i.e.S. sollte ausgeschlossen sein, wenn die Reparatur unverhältnismäßig aufwändig oder besonders ressourcenintensiv wäre.[510] Auch will der IMCO sicherstellen, dass Hersteller Verbrauchern während der Reparaturdauer eine Ersatzware zur Verfügung stellen und die Reparatur binnen 15 Tagen erfolgen muss.[511] Diese Vorschläge sind aus Nachhaltigkeitsgründen erwägenswert. Allerdings könnte eine starre Frist, deren Länge weder von der Art der zu reparierenden Ware noch von der Schwierigkeit der jeweiligen Reparatur abhängt, bei aufwändigen Reparaturen in der Praxis oft kaum einzuhalten sein. Der Kommissionsvorschlag verpasst die Chance, weitergehende Anreize zugunsten reparaturfreundlicher Herstellerstrategien und Verbraucherentscheidungen zu setzen. Denkbar wären beispielsweise längere zeitliche Haftungsgrenzen im Gewährleistungsrecht,[512] wie sie auch im Koalitionsvertrag der Regie-

---

507 Vgl. oben, B.II.4.
508 IMCO, Berichtsentwurf vom 26.6.2023, 2023/0083(COD), Änderungsantrag 6.
509 IMCO, Berichtsentwurf vom 26.6.2023, 2023/0083(COD), Änderungsantrag 27 und Änderungen zu Anhang II. Vgl. näher oben, E.IV.2.a)
510 Vgl. oben, E.IV.3.b).
511 IMCO, Berichtsentwurf vom 26.6.2023, 2023/0083(COD), Änderungsantrag 28.
512 Dazu näher unten, F.IV.

rungsparteien anvisiert[513] und in der Rechtswissenschaft vielfach gefordert werden.[514] Auch insoweit wäre jedenfalls aus Nachhaltigkeitsgründen begrüßenswert, wenn sich die moderate Erweiterung der Haftungsgrenzen durchsetzen könnte, die der IMCO vorschlägt.[515] Weitergehende Effekte ließen sich möglicherweise durch eine Verknüpfung des Mangelbegriffs mit dem europäischen Ökodesign-Recht oder eine stärkere Förderung überholter Waren im Rechtsbehelfssystem der Warenkauf-RL erzielen.[516] Massive Fehlsteuerungen würde das europäische Formular für Reparaturdienstleistungen in der im Kommissionsvorschlag vorgesehenen Form bewirken. Es würde hohe bürokratische Hürden schaffen, bewährte Mechanismen der Preisermittlung aus dem Gleichgewicht bringen und zu erheblicher Rechtsunsicherheit führen. Das Formular könnte die Ziele der Kommission geradezu ins Gegenteil verkehren und Reparaturen weniger attraktiv machen. Das läuft selbstverständlich auch den Interessen des Handwerks entgegen.

---

513 Mehr Fortschritt wagen – Bündnis für Freiheit, Gerechtigkeit und Nachhaltigkeit, Koalitionsvertrag 2021-2025, https://www.bundesregierung.de/breg-de/aktuelles/ko alitionsvertrag-2021-1990800, 112.

514 Beispielsweise *Mak/Lujinovic*, Towards a Circular Economy in EU Consumer Markets – Legal Possibilities and Legal Challenges and the Dutch Example, EuCML 2019, 4 (7 f.); *Micklitz/Mehnert/Specht-Riemenschneider/Liedtke/Kenning*, Recht auf Reparatur (2022), 53 (auch zu denkbaren Gegenargumenten und mit Verweis auf Erfahrungen in anderen Ländern).

515 IMCO, Berichtsentwurf vom 26.6.2023, 2023/0083(COD), Amendment 47.

516 Zu weiteren Regulierungsoptionen unten F. und G. S. auch *van Gool/Michel*, The New Consumer Sales Directive 2019/771 and Sustainable Consumption: A Critical Analysis, EuCML 2021, 136 (145 f.); vgl. auch *Augenhofer/Küter*, Recht auf oder Pflicht zur Reparatur? – Gedanken zum Vorschlag für eine RL über gemeinsame Vorschriften zur Förderung der Reparatur von Waren, VuR 2023, 243 (246).

F. Weitere vertragsrechtliche Regulierungsoptionen und handwerksgerechte Umsetzungsmöglichkeiten

I. Ergänzungsbedarf im Lichte der Nachhaltigkeitsziele der Kommission

Der Kommissionsvorschlag verfolgt ein unter Nachhaltigkeitsaspekten wichtiges Anliegen und zeigt Möglichkeiten auf, Reparaturen zu stärken. Zugleich wohnen ihm zahlreiche Schwächen und Unzulänglichkeiten inne. Umso wichtiger ist es, auf weitere Regulierungsoptionen und handwerksgerechte Umsetzungsmöglichkeiten hinzuweisen. Frühzeitige Obsoleszenz, die Förderung von Reparaturen und Optionen für die nachhaltigere Ausgestaltung des Privatrechts wurden in der Rechtswissenschaft bereits mit umfassenden Reformvorschlägen aufgearbeitet.[517] Im Folgenden werden schlaglichtartig zunächst wichtige vertragsrechtliche Optionen diskutiert, mit denen sich die von der Kommission verfolgten Ziele möglicherweise effektiver erreichen ließen. Diese Ziele liegen, um sie kurz in Erinnerung zu rufen, in der Verringerung des Abfallaufkommens, der Einsparung von Ressourcen (im Herstellungsverfahren und bei Ersatzlieferung), der Reduktion von Treibhausgasemissionen, der Verringerung vorzeitiger Entsorgung brauchbarer Waren, der Erhöhung der Nachfrage am Reparaturmarkt, Anreizen für nachhaltige Geschäftsmodelle, mehr Beschäftigung, Investitionen und Wettbewerb im Reparatursektor sowie in der Förderung unabhängiger Reparaturbetriebe – einschließlich kleiner und mittlerer Unternehmen.[518] Einige Regulierungsoptionen wurden im Rahmen der Initiative „Nachhaltiger Konsum von Gütern – Förderung von Reparatur und Wiederverwendung"[519] diskutiert, aber nicht im Kommissionsvorschlag aufgegriffen.

---

517 Vgl. etwa *Michel*, Premature Obsolescence (2022); *Sonde*, Das kaufrechtliche Mängelrecht als Instrument als Instrument zur Verwirklichung eines nachhaltigen Konsums (2015); *Perzanowski*, The Right To Repair (2022).

518 Kommissionsvorschlag, COM(2023) 155 final, EG 3 ff.

519 https://ec.europa.eu/info/law/better-regulation/have-your-say/initiatives/13150-Nachhaltiger-Konsum-von-Gutern-Forderung-von-Reparatur-und-Wiederverwendung_de.

II. Weitere Gestaltungsoptionen beim „Recht auf Reparatur" i.e.S.

1. Wertersatzpflicht der Hersteller bei Unmöglichkeit der Reparatur

Das Recht auf Reparatur i.e.S.[520] könnte durch eine Wertersatzpflicht der Hersteller ergänzt werden, wenn ihre Waren entgegen einer etwaigen europarechtlichen Verpflichtung durch das Ökodesign-Recht nicht repariert werden können. Darin läge eine das Ökodesign-Recht stärkende Rechtsdurchsetzung.[521]

2. Regelung der Preisproblematik beim Recht auf Reparatur i.e.S.

Denkbar wäre, die Preisproblematik beim Recht auf Reparatur i.e.S. vertragsrechtlich zu regulieren. In der Initiative „Nachhaltiger Konsum von Gütern – Förderung von Reparatur und Wiederverwendung"[522] wurde dies in verschiedenen Spielarten diskutiert. Zunächst erwog „Option 2b", das neu einzuführende Recht auf Reparatur i.e.S. auf eine Reparatur zu einem angemessenen Preis auszurichten. „Option 3a" ging noch einen Schritt weiter: Das neue Recht auf Reparatur i.e.S. – also nach Ablauf der Gewährleistungsfrist – sollte in manchen Fällen sogar auf unentgeltliche Reparatur gerichtet sein.[523] Option 3a wurde überwiegend als sehr effektiv angesehen – letztlich bei allen Stakeholdern.[524] Der Kommissionsvorschlag selbst schweigt über das zentrale Problem der Reparaturpreise.[525] Das ist deshalb bedauerlich, weil in den hohen Reparaturpreisen ein zentrales Hindernis

---

520 Zu den zentralen Kritikpunkten und wünschenswerten Ergänzungen des Kommissionsvorschlags s. schon oben, E.IV.3. und E.VII.

521 Arbeitsgruppe „Nachhaltigkeit im Zivilrecht", 11 f.

522 https://ec.europa.eu/info/law/better-regulation/have-your-say/initiatives/13150-Nachhaltiger-Konsum-von-Gutern-Forderung-von-Reparatur-und-Wiederverwendung_de.

523 Option 3a sah zudem vor, die Reparatur grundsätzlich als vorrangigen Rechtsbehelf einzuführen; dafür auch etwa *van Gool/Michel*, The New Consumer Sales Directive 2019/771 and Sustainable Consumption: A Critical Analysis, EuCML 2021, 136 (144 ff.).

524 Europäische Kommission, Sustainable consumption of goods Promoting repair and reuse – Factual summary report, Ref. Ares(2022)4631828 (24.6.2022).

525 Das bemängelt auch der Europäische Wirtschafts- und Sozialausschuss, vgl. EWSA, Stellungnahme zum Kommissionsvorschlag, INT/1015 – EESC-2023-01158-00-00-AC-TRA (EN)k Nr. 4.4.4.

für Reparaturen in der Praxis liegt.[526] Andererseits muss aus der Perspektive des Handwerks sichergestellt werden, dass die Reparaturpreise einen gerechten Ausgleich für die Reparaturleistung gewährleisten.[527] Damit lässt sich jedenfalls ein Recht auf unentgeltliche Reparatur nach Ablauf der Gewährleistungsfrist nicht vereinbaren. Insofern ist *Micklitz u.a.* zuzustimmen, die das Recht auf unentgeltliche Reparatur für „weder gerecht noch ökonomisch realistisch" halten.[528] Es ist kaum überzeugend, dass Reparaturleistungen außerhalb der gesetzlichen Gewährleistung unentgeltlich erfolgen sollten, weil sich ein normativer Grund für die Kostentragungspflicht der Reparateure in dieser Situation schwer finden lässt. *Micklitz u.a.* fordern stattdessen plausibel, dass Anreize zu Gunsten der Reparatur geschaffen werden müssen, indem Produkte reparierbar, Ersatzteile zu günstigen Preisen verfügbar und Ersatzgeräte zur Überbrückung der Reparaturdauer zugänglich sind.[529] Die weniger weitreichende Option 2b, wonach das Recht auf Reparatur i.e.S. auf Reparatur zu einem angemessenen Preis gerichtet sein sollte, beinhaltet eine begrüßenswerte Regulierungsidee. Doch würde eine solche Regelung ohne weitere Detailvorgaben zur Preisbestimmung zu Rechtsunsicherheit führen, weil unklar bliebe, nach welchen Parametern die Angemessenheit der Reparaturpreise bestimmt werden sollte. Ein wichtiger Grund für hohe Reparaturpreise sind die oft hohen Preise für Ersatzteile. Daher könnte schon eine Preisregulierung bei den Ersatzteilen positive Effekte mit sich bringen.[530] Dagegen sollte die Preisfindung für die Reparaturleistungen selbst zunächst weiterhin den Reparaturmärkten und der Autonomie der Marktteilnehmer überlassen bleiben – freilich innerhalb des allgemeinen Rahmens, der vor allem vom Vertragsrecht, dem Kartellrecht und dem Wettbewerbsrecht vorgegeben wird. Der Änderungsvorschlag des IMCO, Zugang zu Ersatzteilen und allen reparaturbezogenen Informationen und Werkzeugen zu vertretbaren Kosten und in diskriminie-

---

526 Oben, B.II.4.
527 Vgl. auch oben, E.IV.3.d).
528 *Micklitz/Mehnert/Specht-Riemenschneider/Liedtke/Kenning,* Recht auf Reparatur (2022), 57.
529 *Micklitz/Mehnert/Specht-Riemenschneider/Liedtke/Kenning,* Recht auf Reparatur (2022), 52 f; vgl. auch *Mehnert,* Reparaturen für alle? – Rechtliche Perspektiven des „Right to repair", ZRP 2023, 9.
530 Zu den Schwierigkeiten einer solchen Regulierung und möglichen Lösungswegen *Micklitz/Mehnert/Specht-Riemenschneider/Liedtke/Kenning,* Recht auf Reparatur (2022), 43. Näher dazu noch unten G.II. und G.III.

rungsfreier Weise zu gewährleisten,[531] würde eine begrüßenswerte Stärkung von Reparaturen mit sich bringen.

III. Weitergehende Änderungen der Warenkauf-RL

1. Herausforderungen und Chancen für das Handwerk

Reparaturen könnten auch durch weitergehende Änderungen der Warenkauf-RL stärker gefördert werden. Grundsätzlich könnten solche Änderungen für Handwerksbetriebe besondere Herausforderungen bedeuten: Sie könnten erheblichen Anpassungsaufwand erfordern, da Handwerksbetriebe häufig auch Kaufverträge und gemischte Verträge über Warenlieferungen mit Verbrauchern abschließen. Der Aufwand könnte vor allem handwerkliche Kleinstbetriebe überproportional belasten.[532] Immerhin können Handwerksbetriebe, wenn sie nicht selbst hergestellte Waren an Verbraucherinnen verkaufen, in Gewährleistungsfällen im Wege des Verkäuferregresses (§ 445a BGB) den wirtschaftlichen Schaden zur Herstellerin durchreichen.[533] Bei selbst hergestellten Produkten muss das Handwerk freilich seine traditionellen Stärken ausspielen, qualitativ hochwertige und langlebige Produkte herzustellen, um sich weiterhin im Wettbewerb zu behaupten. Das Handwerk könnte sich als unverzichtbaren Akteur im Rahmen der ökologischen Transformation der Wirtschaft positionieren, der Nachhaltigkeitsziele auch im Eigeninteresse vorantreibt.[534] Das könnte zugleich zu Reputationsgewinnen führen. Bei alledem wären gerade handwerkliche Kleinstbetriebe auf Unterstützung angewiesen, um möglichst zu verhindern, dass Kleinstunternehmen mit zusätzlichem bürokratischen Aufwand belastet werden.

---

531 IMCO, Berichtsentwurf vom 26.6.2023, 2023/0083(COD), Änderungsantrag 27 und Änderungen zu Anhang II.
532 *Zentralverband des Deutschen Handwerks,* Stellungnahme 2023.
533 Einzelheiten beckOGK/*Arnold,* Stand 01.08.2023, § 445a Rn. 11 ff.
534 S. dazu oben, G. I.

2. Reparatur als grundsätzlich vorrangiger Rechtsbehelf in der Warenkauf-RL

Eine erste vertragsrechtliche Regulierungsoption besteht darin, Reparatur grundsätzlich als vorrangigen Rechtsbehelf einzuführen.[535] Diese Option wurde in der Initiative „Nachhaltiger Konsum von Gütern – Förderung von Reparatur und Wiederverwendung"[536] als Option 3a diskutiert – eine Option, die ausweislich des *Feedback Report* überwiegend als sehr effektiv angesehen wurde.[537] Auch in der Literatur wird vorgeschlagen, die Reparatur aus Nachhaltigkeitsgründen immer dann als vorrangigen Rechtsbehelf zu etablieren, wenn sie nicht ausgeschlossen oder unverhältnismäßig ist.[538] Diese Regelungsoption könnte einen effektiven Beitrag zur Förderung von Reparaturen leisten.

3. Ersatzlieferung oder Reparatur durch *refurbished* Waren

Denkbar wäre zudem, die Ersatzlieferung in der Warenkauf-RL auch durch überholte Waren zu ermöglichen. Diese Option wurde in der Initiative „Nachhaltiger Konsum von Gütern – Förderung von Reparatur und Wiederverwendung"[539] als Option 3c erwogen. Überholte Waren zeichnen sich durch ein *Refurbishment* (Überholung) aus. *Refurbishment* definieren *Micklitz u.a.* als „die qualitätsgesicherte Überholung und Instandsetzung von Produkten zum Zweck der Wiederverwendung".[540] Sie ist gerade bei elektronischen Geräten wie Laptops, Tablets oder Smartphones zunehmend bedeutsam. Überholte Geräte sollen funktionell Neugeräten entsprechen und sich im Wesentlichen nur durch die Vorbenutzung und

---

535 Dafür auch etwa *van Gool/Michel*, The New Consumer Sales Directive 2019/771 and Sustainable Consumption: A Critical Analysis, EuCML 2021, 136 (144 ff.).

536 https://ec.europa.eu/info/law/better-regulation/have-your-say/initiatives/13150-Nachhaltiger-Konsum-von-Gutern-Forderung-von-Reparatur-und-Wiederverwendung_de.

537 Europäische Kommission, Sustainable consumption of goods Promoting repair and reuse – Factual summary report, Ref. Ares(2022)4631828 (24.6.2022).

538 *van Gool/Michel*, The New Consumer Sales Directive 2019/771 and Sustainable Consumption: A Critical Analysis, EuCML 2021, 136 (144 ff.) m.w.N.

539 https://ec.europa.eu/info/law/better-regulation/have-your-say/initiatives/13150-Nachhaltiger-Konsum-von-Gutern-Forderung-von-Reparatur-und-Wiederverwendung_de.

540 *Micklitz/Mehnert/Specht-Riemenschneider/Liedtke/Kenning*, Recht auf Reparatur (2022), 51.

mögliche Gebrauchsspuren von Neuware unterscheiden.[541] Wenn Ersatzlieferung durch überholte Produkte möglich wäre, könnte das Ansehen für überholte Waren steigen.[542] Freilich wäre hier mit erheblichem Widerstand durch Verbraucherverbände zu rechnen. Denn das Ansehen von überholten Waren entspricht in unserer Gesellschaft oft nicht demjenigen von Neuwaren. *Micklitz u.a.* argumentieren mit dem Äquivalenzinteresse des Käufers gegen diese Option: Ein überholtes Gerät sei eben keine Neuware, die aber geschuldet war.[543] Auch das LG München hatte in diesem Sinne in seinem Urteil vom 25.3.2021[544] entschieden, dass eine formularmäßige Berechtigung eines Unternehmens, Ersatzlieferung durch ein überholtes Gerät (konkret: Internetrouter) vornehmen zu können, wegen Verstoßes gegen wesentliche gesetzliche Grundgedanken des § 439 Abs. 1 BGB eine unangemessene Benachteiligung für den Verbraucher darstellt. Diese Berechtigung sei deshalb gem. § 307 Abs. 1, Abs. 2 Nr. 1 BGB unwirksam. Dogmatisch lässt sich das vor allem wegen der Einordnung des Nacherfüllungsanspruchs als (modifizierten) Erfüllungsanspruch gut rechtfertigen. Indes könnte eine stärker dem Nachhaltigkeitsprinzip verpflichtete Rechtsauslegung die Gleichstellung rechtfertigen.[545] Zwar würde diese Gleichstellung den Interessen mancher Verbraucher entgegenlaufen, die eben ein neues Gerät im Wege der Ersatzlieferung wünschen. Andererseits würde diese Gleichstellung der politischen Agenda der EU entsprechen, eine nachhaltige Kreislaufwirtschaft zu etablieren. Daher ließe sich sogar schon auf Grundlage der geltenden EU-Regelungen vertreten, dass eine Ersatzlieferung mit überholten Waren möglich ist.[546] Durchaus erwägenswert wäre jedenfalls eine dementsprechende gesetzliche Regelung in der Warenkauf-RL. Unternehmensnahe Interessenvertreter (wie die AmCham EU, Bitcom oder Digital Europe) schlagen einen alternativen Regulierungsweg zur För-

---

541 Instruktiv *Kryla-Cudna*, Sales Contracts and the Circular Economy, European Review of Private Law 2020, 1207 (1221 ff.).

542 Instruktiv insoweit *Kryla-Cudna*, Sales Contracts and the Circular Economy, European Review of Private Law 2020, 1207 (1221 ff.).

543 *Micklitz/Mehnert/Specht-Riemenschneider/Liedtke/Kenning*, Recht auf Reparatur (2022), 51.

544 LG München, Az. 12 O 7213/20 (juris).

545 Zur Rechtsprechung in anderen europäischen Ländern *Kryla-Cudna*, Sales Contracts and the Circular Economy, European Review of Private Law 2020, 1207 (1221 ff.).

546 Näher dazu *Mak/Lujinovic*, Towards a Circular Economy in EU Consumer Markets – Legal Possibilities and Legal Challenges and the Dutch Example, EuCML 2019, 4 (8 f.).

derung von überholten Produkten vor: Der Ersatz einer defekten Ware mit einer überholten Ware sei als „Reparatur" zu definieren.[547] Das sei in manchen Fällen schneller, günstiger, nachhaltiger und vorteilhafter für die Verbraucher.[548] In geeigneten Fällen könnten die Hersteller die defekten Waren dann wiederum reparieren und als überholte Ware verkaufen.[549] Sowohl die Gleichstellung überholter Produkte im Wege der Ersatzlieferung als auch die Anerkennung ihrer Lieferung als Reparatur würde für das Handwerk die Chance bieten, unternehmerische Tätigkeiten im refurbished-Sektor zu intensivieren.[550]

IV. Insbesondere: Verlängerung der zeitlichen Grenzen für das Recht auf Reparatur

Eine naheliegende Regulierungsoption liegt in der Verlängerung der bestehenden zeitlichen Grenzen kaufrechtlicher Gewährleistungsansprüche. Sie könnte einerseits europarechtlich durch eine Änderung der Warenkauf-RL erfolgen, andererseits aber auch auf der Ebene der mitgliedsstaatlichen Rechte (vgl. Art. 10 Abs. 3 Warenkauf-RL).[551] Die Initiative „Nachhaltiger Konsum von Gütern – Förderung von Reparatur und Wiederverwendung"[552] diskutierte diese Regulierungsoption in verschiedenen Variationen: „Option 2a" bestand in der Ausweitung der Gewährleistungsfrist in der Warenkauf-RL in zwei Konstellationen: Erstens bei neuen Gütern, wenn sich Verbraucher für Reparatur statt Ersatz entscheiden. Diese moderate Ausweitung findet sich auch in den Änderungsvorschlägen des IMCO.[553]

---

547 *AmCham EU*, Stellungnahme 2023, 3; *BitCom*, Stellungnahme 2023, 3 f.; *Digital Europe*, Stellungnahme 2023, 3; vgl. auch *Kryla-Cudna*, Sales Contracts and the Circular Economy, European Review of Private Law 2020, 1207 (1211 ff.).

548 *AmCham EU*, Stellungnahme 2023, 3; *BitCom*, Stellungnahme 2023, 3 f.; *Digital Europe*, Stellungnahme 2023, 3.

549 *AmCham EU*, Stellungnahme 2023, 3; *BitCom*, Stellungnahme 2023, 3 f., *Digital Europe*, Stellungnahme 2023, 3; s. auch *Kryla-Cudna*, Sales Contracts and the Circular Economy, European Review of Private Law 2020, 1207 (1221 ff.) mit dem Vorschlag eines ergänzenden Geldersatzes.

550 Instruktiv insoweit auch *Kryla-Cudna*, Sales Contracts and the Circular Economy, European Review of Private Law 2020, 1207 (1221 ff.).

551 Dazu noch näher unten, F.IV.3.

552 https://ec.europa.eu/info/law/better-regulation/have-your-say/initiatives/13150-Nachhaltiger-Konsum-von-Gutern-Forderung-von-Reparatur-und-Wiederverwendung_de.

553 IMCO, Berichtsentwurf vom 26.6.2023, 2023/0083(COD), Änderungsantrag 47.

Zweitens wurde eine Verlängerung bei gebrauchten oder überholten Waren ins Spiel gebracht.[554] Option 3 b erwog generell die Verlängerung der Gewährleistungsfrist über zwei Jahre hinaus. Auch der in der Initiative angerissene Neubeginn der Verjährung bei Reparaturen könnte einen Anreiz zur sorgsamen Durchführung von Reparaturen und wiederum zur Produktion langlebiger Waren setzen.[555] Freilich müssten insoweit mögliche Haftungslücken für Handwerksbetriebe verhindert werden – insbesondere durch Rückgriffsrechte, also im Wesentlichen im Rahmen des § 445a BGB, solange keine direkte Herstellerhaftung eingeführt wird.[556]

1. Zur Verlängerung der kurzen kaufrechtlichen Regelverjährung

In der rechtswissenschaftlichen Literatur wird die Verlängerung der Gewährleistungsfristen intensiv erörtert[557] und teils eine Verlängerung der kurzen kaufrechtlichen Regelverjährung gefordert.[558] Die kurze kaufrechtliche Regelverjährung von nur zwei Jahren mit objektivem Fristbeginn dient im Wesentlichen den Interessen von Verkäufern (und Herstellern). Der Verkäufer soll in seinem Interesse geschützt werden, nach einer kurzen und sicher vorhersehbaren Zeit „die Bücher schließen" zu können.[559] Die kurze Frist setzt jedoch keine Anreize zur Entwicklung langlebiger und nachhaltiger Produkte und befördert frühzeitige Obsoleszenz.[560] Das steht

---

554 Zu dieser Option auch *Kryla-Cudna*, Sales Contracts and the Circular Economy, European Review of Private Law 2020, 1207 (1224).

555 Vgl. auch *van Gool/Michel*, The New Consumer Sales Directive 2019/771 and Sustainable Consumption: A Critical Analysis, EuCML 2021, 136 (145).

556 Dazu unten, G.I.

557 Vgl. etwa *Michel*, Premature Obsolescence (2022), 373 ff.; *Atamer*, Nachhaltigkeit und die Rolle des Kaufrechts: Eine rechtsvergleichende Übersicht zu den Regulierungsmöglichkeiten, ZSR 2022, 285 (292 ff.); Arbeitsgruppe „Nachhaltigkeit im Zivilrecht", 25 ff. m.w.N.

558 Beispielsweise BeckOGK/*Arnold*, Stand 01.08.2023, § 438 BGB Rn. 4, 6 und 6.1; *Mak/Lujinovic*, Towards a Circular Economy in EU Consumer Markets – Legal Possibilities and Legal Challenges and the Dutch Example, EuCML 2019, 4 (7 f.); *Micklitz/Mehnert/Specht-Riemenschneider/Liedtke/Kenning*, Recht auf Reparatur (2022), 53; *Gildeggen*, Zur Verfassungswidrigkeit kurzer Gewährleistungsfristen bei langlebigen Produkten, VuR 2017, 203.

559 BeckOGK/*Arnold*, Stand 01.08.2023, § 438 BGB Rn. 4, 6 und 6.1.

560 BeckOGK/*Arnold*, Stand 01.08.2023, § 438 BGB Rn. 4, 6 und 6.1.

den von der Kommission verfolgten Nachhaltigkeitszielen entgegen.[561] Ein zwingender Grund dafür, dass Verkäuferinnen das Geschäft schon nach zwei Jahren als endgültig beendet ansehen können, ist schwer erkennbar.[562] Das gilt umso mehr, als ein Markt für Verjährungsverlängerungen und für Versicherungen gegen Produktausfall besteht, insbesondere bei Elektronik-artikeln.[563] Das zeigt aber, dass die aus einer längeren Haftungszeit resultie-renden Risiken durchaus kalkulierbar sind. Andernfalls würden derartige Versicherungsleistungen nicht angeboten werden. Rechtspolitisch ist die kurze kaufrechtliche Regelverjährung daher nicht leicht zu rechtfertigen.[564] Ihre Verlängerung könnte Anreize zur Entwicklung von Strategien setzen, durch die die durchschnittliche Produktlebensdauer verlängert wird.[565] Zu-gleich würde langfristig das Konsumentenvertrauen in gebrauchte Produkte gestärkt werden. Das Handwerk könnte durch seine Expertise und sein Fachwissen längerlebige Produkte herstellen und zugleich den Markt für gebrauchte und überholte Waren bedienen. Zudem liegt die Verlängerung der Verjährungsfristen im Verbraucherinteresse, vor allem, wenn sich an-fängliche Mängel erst nach zwei Jahren zeigen.[566] Politisch könnte eine Verlängerung der kaufrechtlichen Regelverjährung durchaus durchsetzbar sein, sieht doch der Koalitionsvertrag der Regierungsparteien die Einfüh-rung einer flexiblen Gewährleistungsdauer vor, die sich an der vom Herstel-

---

561 *van Gool/Michel*, The New Consumer Sales Directive 2019/771 and Sustainable Consumption: A Critical Analysis, EuCML 2021, 136 (141 ff.) mit Analyse der den Mitgliedstaaten offenstehenden Regulierungswegen.

562 Arbeitsgruppe „Nachhaltigkeit im Zivilrecht", 7; *Gildeggen*, Abschied von der kurzen Verjährungsfrist des § 438 Abs. 1 Nr. 3 BGB in der Praxis?, VuR 2016, 83; *Atamer*, Nachhaltigkeit und die Rolle des Kaufrechts: Eine rechtsvergleichende Übersicht zu den Regulierungsmöglichkeiten, ZSR 2022, 285 (292 ff.); *Gildeggen* hält die gegenwärtige kaufrechtliche Verjährung gar für verfassungswidrig, vgl. *Gildeggen*, Zur Verfassungswidrigkeit kurzer Gewährleistungsfristen bei langlebigen Produk-ten, VuR 2017, 203.

563 Das betont etwa *Gildeggen*, Abschied von der kurzen Verjährungsfrist des § 438 Abs. 1 Nr. 3 BGB in der Praxis?, VuR 2016, 83; vgl. auch Arbeitsgruppe „Nachhaltigkeit im Zivilrecht", 7 f.

564 *Kryla-Cudna*, Sales Contracts and the Circular Economy, European Review of Pri-vate Law 2020, 1207 (1225 ff.); s. auch schon *Gildeggen*, Abschied von der kurzen Verjährungsfrist des § 438 Abs. 1 Nr. 3 BGB in der Praxis?, VuR 2016, 83.

565 *Michel*, Premature Obsolescence (2022), 379 f.; *Tonner*, Green Deal und Verbrau-cherrecht: das Recht auf Reparatur, VuR 2023, 241 (242); *Kryla-Cudna*, Sales Con-tracts and the Circular Economy, European Review of Private Law 2020, 1207 (1224).

566 Arbeitsgruppe „Nachhaltigkeit im Zivilrecht", 7.

ler bestimmten jeweiligen Lebensdauer orientiert.[567] Nicht ausgeschlossen wäre freilich, dass entsprechende Rechtsänderungen zu Preisaufschlägen bei neuen Produkten führen. Zudem muss das Verhältnis von Ersatzlieferung und Nachbesserung (Reparatur) im Blick bleiben, wenn Reparaturen effektiv gefördert werden sollen: Wenn die Reparatur bei Sachmängeln zum vorrangigen Rechtsbehelf und Ersatzlieferung zur Ausnahme wird, kann die Ausweitung der zeitlichen Grenzen potenziell besonders effektiv wirken. Ergänzende positive Auswirkungen könnten sich aus einer stärkeren Positionierung der Minderung ergeben.[568] Für das Handwerk könnte eine Verlängerung der kurzen kaufrechtlichen Regelverjährung allerdings auch Nachteile mit sich bringen. Freie Reparaturbetriebe könnten Aufträge verlieren, wenn die Kunden länger die Verkäuferinnen in Anspruch nehmen könnten. Zudem könnten Hersteller eigene Reparaturnetzwerke aufbauen und erweitern und selbstständige Reparaturbetriebe verdrängen. Andererseits könnte die bessere Reparierbarkeit von Produkten auch neue Reparaturaufträge generieren, wenn die Gewährleistungszeit abgelaufen ist, die Produkte aber immer noch repariert werden können. Auch könnte das Handwerk verstärkt im Auftrag der Hersteller Reparaturen durchführen. Dazu könnte es insbesondere dann kommen, wenn es dem Handwerk gelingt, im Reparaturbereich als attraktive Dienstleister mit Herstellern zusammenzuarbeiten. Denkbar wäre insbesondere, dass dem Handwerk auf manchen Sektoren eine auch für Hersteller attraktive Spezialisierung auf spezifische Waren und Reparaturen gelingt.[569] Mit der Reparaturpflicht ist die Notwendigkeit verbunden, eine aufwändige Reparaturinfrastruktur aufzubauen bzw. die vorhandenen Strukturen erheblich zu erweitern. Fachkräfte müssen geschult und ausgebildet, Ersatzteillager aus- und aufgebaut, Transportwege organisiert und neu geordnet werden. Der Aufwand verstärkt sich bei komplexen oder technisch anspruchsvollen Produkten mit einer Vielzahl im Detail unterschiedlicher Produktausführungen. Das Handwerk kann auf solchen Feldern seine bestehenden Kompetenzen und Fähigkeiten mit dem Ziel ausbauen, Hersteller als attraktive Reparaturpartner vor Ort zu unterstützen.

---

567 Mehr Fortschritt wagen – Bündnis für Freiheit, Gerechtigkeit und Nachhaltigkeit, Koalitionsvertrag 2021-2025, https://www.bundesregierung.de/breg-de/aktuelles/ko alitionsvertrag-2021-1990800, 112.

568 Differenzierend *van Gool/Michel*, The New Consumer Sales Directive 2019/771 and Sustainable Consumption: A Critical Analysis, EuCML 2021, 136 (146).

569 Vgl. auch oben, C.II.

2. Individuelle produktabhängige Verjährungsfristen

In der Literatur wurde insbesondere vorgeschlagen, die Verjährung individuell nach der durchschnittlichen Lebensdauer der jeweiligen Produkte zu bestimmen und die dabei resultierenden individuellen Verjährungsfristen von einer Mindestfrist (etwa drei Jahre) flankieren zu lassen.[570] Im finnischen sowie im niederländischen Recht werden entsprechende Lösungen bereits praktiziert.[571] Die Arbeitsgruppe „Nachhaltigkeit im Zivilrecht" identifiziert als relevante Produktgruppen insbesondere Elektro/Elektronikgeräte (Haushaltsgeräte, Fernseher, Computer oder Stereoanlagen) und Kraftfahrzeuge.[572] Sie schlägt einen Rückgriff auf die Legaldefinition in § 3 Nr. 1 Elektro- und Elektronikgerätegesetz (ElektroG) vor, um die relevanten Produkte zu beschreiben.[573] Zudem sei die Verjährungsfrist für Produkte zu verlängern, bei denen eine längere Lebensdauer öffentlich-rechtlich vorgeschrieben ist.[574] Das wäre vor allem bei Produkten der Fall, die im europä-

---

570 Dafür etwa *Michel*, Premature Obsolescence (2022), 453; *Mak/Lujinovic*, Towards a Circular Economy in EU Consumer Markets – Legal Possibilities and Legal Challenges and the Dutch Example, EuCML 2019, 4 (7 f.); *Micklitz/Mehnert/Specht-Riemenschneider/Liedtke/Kenning*, Recht auf Reparatur (2022), 53; vgl. auch mit einem Überblick über mögliche Regulierungswege anhand unterschiedlicher Ansätze einzelner Mitgliedstaaten *van Gool/Michel*, The New Consumer Sales Directive 2019/771 and Sustainable Consumption: A Critical Analysis, EuCML 2021, 136 (141 ff.).

571 Vgl. *Michel*, Premature Obsolescence (2022), 453; *van Gool/Michel*, The New Consumer Sales Directive 2019/771 and Sustainable Consumption: A Critical Analysis, EuCML 2021, 136 (142); im Ansatz auch *Bach/Wöbbeking*, Das Haltbarkeitserfordernis der Warenkauf-RL als neuer Hebel für mehr Nachhaltigkeit?, NJW 2020, 2672 (2676), die indes dem Verkäufer ein Bestimmungsrecht über die Haltbarkeit der Kaufsache einräumen möchten, das in erster Linie für die Länge der Verjährungsfrist maßgeblich ist. Hilfsweise soll es auf die (objektiv zu bestimmende) bestmögliche Haltbarkeit ankommen.

572 Arbeitsgruppe „Nachhaltigkeit im Zivilrecht", 8. Bei der konkreten Länge der Verjährungsfristen schlägt die Arbeitsgruppe eine erhebliche Einschränkung vor: Die Verjährungsfrist soll nicht bis zur objektiv zu erwartenden Mindest- oder durchschnittlichen Haltbarkeit bzw. Produktlebensdauer verlängert werden, sondern nur um einen Zeitraum, in dem sich nach den vorliegenden Erkenntnissen nach Ablauf der derzeitigen Verjährungsfrist noch in nennenswertem Umfang typischerweise anfängliche Mängel manifestieren. Aus Sicht der Arbeitsgruppe beläuft sich dieser Zeitraum auf ein Jahr, so dass die Verjährungsfrist des § 438 Abs. 1 Nr. 3 BGB für die ausgewählten Produktgruppen insgesamt drei Jahre betragen soll.

573 Arbeitsgruppe „Nachhaltigkeit im Zivilrecht", 8.

574 Arbeitsgruppe „Nachhaltigkeit im Zivilrecht", 8.

ischen Ökodesign-Recht geregelt sind.[575] Zu diesen Geräten zählen derzeit etwa Waschmaschinen oder Spülmaschinen.[576] Insoweit kommt der Vorschlag der Arbeitsgruppe „Nachhaltigkeit im Zivilrecht" denjenigen Vorschlägen aus der Literatur nahe, die eine engere Verzahnung des Kaufrechts mit dem europäischen Ökodesign-Recht fordern – insbesondere auch mit Blick auf die Verjährung.[577] So schlagen *Micklitz u.a.* vor, die Verjährungsfristen produktgruppenspezifisch an den Regelungen des europäischen Ökodesign-Rechts auszurichten.[578] Ein Vorzug einer nach Produktgruppen differenzierenden Verjährungsfrist liegt in ihrer Zukunftssicherheit.[579] Ein Nachteil könnten Einbußen an Rechtssicherheit und Vorhersehbarkeit für Verkäufer und Hersteller sein. Denkbar sind auch andere Optionen – etwa eine für alle Kaufgegenstände gleichermaßen geltende längere Frist, was mit einem Gewinn an Rechtssicherheit einherginge. Dieser Gewinn würde allerdings wohl Nachhaltigkeitsverluste bedeuten und könnte weitere unerwünschte Konsequenzen haben – beispielsweise eine ungerechte Quersubventionierung zu Lasten der Verbraucherinnen, die besonders langlebige Produkte erwerben.[580]

3. Zur Umsetzung einer Verlängerung von Verjährungsfristen

Art. 10 Abs. 3 Warenkauf-RL ermöglicht den mitgliedstaatlichen Gesetzgebern ausdrücklich, längere Fristen als die in Art. 10 Abs. 1 und 2 Warenkauf-RL vorgesehenen Fristen einzuführen. Finnland und die Niederlande haben davon Gebrauch gemacht.[581] Der deutsche Gesetzgeber könnte dementsprechend § 438 Abs. 1 BGB ändern, insbesondere die Regelverjährungsfrist des § 438 Abs. 1 Nr. 3 BGB.[582] Aus Nachhaltigkeitsgesichtspunkten und auch zur Vermeidung denkbarer Wettbewerbsverzerrungen wäre eine Regulierung auf europäischer Ebene vorzugswürdig, also eine Änderung

---

575 Dazu schon oben, D.III.
576 Dazu schon oben, D.III.
577 *Micklitz/Mehnert/Specht-Riemenschneider/Liedtke/Kenning*, Recht auf Reparatur (2022).
578 *Micklitz/Mehnert/Specht-Riemenschneider/Liedtke/Kenning*, Recht auf Reparatur (2022), 59; vgl. auch *Michel*, Premature Obsolescence (2022), 380 f.
579 Vgl. *Michel*, Premature Obsolescence (2022), 453.
580 *Michel*, Premature Obsolescence (2022), 380.
581 Zu Einzelheiten *Michel*, Premature Obsolescence (2022), 377.
582 So auch *Tonner*, Green Deal und Verbraucherrecht: das Recht auf Reparatur, VuR 2023, 241 (242).

der in Art. 10 Abs. 1 und 2 Warenkauf-RL beinhalteten Fristen. Dadurch könnte ein Anreiz gesetzt werden, unternehmerische Entscheidungen und Strategien hin zu einer längeren Lebensdauer ihrer Produkte zu fördern. Bei Produkten, die ihrer Art nach nicht langlebig sind (beispielsweise Lebensmittel oder Schnittblumen) spielt die Verjährungsfrist ohnehin keine Rolle, denn bei solchen Produkten wird sich kaum jemals ein schon bei Gefahrübergang vorhandener Mangel erst zwei Jahre später zeigen. Blumen sind bis dahin längst verwelkt, die Lebensmittel verzehrt.[583] Erwägenswert ist, ergänzend eine durch Art. 12 Warenkauf-RL ermöglichte Rügefrist einzuführen, um unverhältnismäßige Belastungen der Verkäufer von langlebigen Produkten zu verhindern.[584]

4. Verlängerung der Mängelvermutung beim Verbrauchsgüterkauf

Denkbar wäre zudem, als flankierende Maßnahme die Mängelvermutung beim Verbrauchsgüterkauf zu verlängern.[585] Dadurch ließen sich die von der Kommission verfolgten Nachhaltigkeitsziele effektiver erreichen, weil Beweisschwierigkeiten gemildert würden.[586] Zwar bestünde zugleich die Gefahr, dass Verbraucherinnen ohne berechtigte Anliegen die Beweislastumkehr zu Lasten der Verkäufer ausnutzen („Trittbrettfahrer").[587] Schon die gegenwärtige Ausgestaltung der Beweislastumkehr in § 477 BGB begrenzt diese Missbrauchsgefahr jedoch erheblich, denn die Vermutung greift nicht ein, wenn sie mit der Art der Sache oder der Art des Mangels nicht vereinbar ist. Eine entsprechende Einschränkung sollte auch künftig beibehalten werden. Mit Blick auf die hohe Bedeutung der Nachhaltigkeits-

---

583 Näher zu weiteren Produktkategorien und hilfreicher Erarbeitung der relevantesten Produktkategorien *Gildeggen*, Abschied von der kurzen Verjährungsfrist des § 438 Abs. 1 Nr. 3 BGB in der Praxis?, VuR 2016, 83 (85 ff.).

584 *Bach/Wöbbeking*, Das Haltbarkeitserfordernis der Warenkauf-RL als neuer Hebel für mehr Nachhaltigkeit?, NJW 2020, 2672 (2677).

585 *Atamer*, Nachhaltigkeit und die Rolle des Kaufrechts: Eine rechtsvergleichende Übersicht zu den Regulierungsmöglichkeiten, ZSR 2022, 285 (297 f.); *Kryla-Cudna*, Sales Contracts and the Circular Economy, European Review of Private Law 2020, 1207 (1225); differenzierend *van Gool/Michel*, The New Consumer Sales Directive 2019/771 and Sustainable Consumption: A Critical Analysis, EuCML 2021, 136 (142); ablehnend Arbeitsgruppe „Nachhaltigkeit im Zivilrecht", 13.

586 Dazu schon oben, D.II.5.b).

587 Vgl. beispielsweise *Sonde*, Das kaufrechtliche Mängelrecht als Instrument zur Verwirklichung eines nachhaltigen Konsums (2015), 172.

ziele scheint eine Verlängerung auch der Beweislastumkehr (Mängelvermutung) jedenfalls eine erwägenswerte Option.[588]

5. Einheitliche Verjährungsfristen für neue und gebrauchte bzw. refurbished Waren?

Denkbar wäre auch, die Einschränkungsmöglichkeiten bezüglich der Gewährleistungsfrist bei gebrauchten Waren zu minimieren.[589] Allerdings könnte dies dazu führen, dass zunehmend weniger Kaufgegenstände von Unternehmen gebraucht erworben werden, weil die mit zwingenden Gewährleistungsfristen einhergehenden Risiken entsprechende Geschäfte unattraktiver machen könnten. Dadurch könnten letztlich auch Reparaturen durch Handwerksbetriebe abnehmen, wenn und soweit Reparaturen keine gleichbleibende Lebensdauer garantieren können. Der Reparaturmarkt würde durch eine entsprechende Regelung also voraussichtlich eher gefährdet als gefördert. Sinnvoll scheinen solche Einschränkungen allenfalls bei überholten Waren, die mit Neuwaren im Wesentlichen technisch gleichwertig sind und deren Ansehen durch eine entsprechende Anpassung erhöht werden könnte.[590]

---

588 Dafür etwa *Michel*, Premature Obsolescence (2022), 453.

589 Nachdrücklich dafür *van Gool/Michel*, The New Consumer Sales Directive 2019/771 and Sustainable Consumption: A Critical Analysis, EuCML 2021, 136 (137 f.).

590 Noch weitergehend *van Gool/Michel*, The New Consumer Sales Directive 2019/771 and Sustainable Consumption: A Critical Analysis, EuCML 2021, 136 (137 f.).

G. Weitere Regulierungsoptionen außerhalb des Vertragsrechts

Auch außerhalb des Vertragsrechts besteht erhebliches Regulierungspotenzial zur effektiven Förderung von Reparaturen. Dieses Potenzial soll im Folgenden schlaglichtartig erkundet werden. Auch der IMCO schlägt vor, dass die Mitgliedsstaaten zusätzliche reparaturfördernde Maßnahmen ergreifen.[591]

I. Direkte gewährleistungsrechtliche Herstellerhaftung

Eine erste Regulierungsoption besteht in der direkten Herstellerhaftung bei mangelhaften Waren. Möglicherweise würden Hersteller dadurch effektiver zu reparaturfreundlichen Herstellungsstrategien motiviert.[592] Die direkte Haftung der Hersteller, die beispielsweise aus Frankreich bekannt ist,[593] würde den wirtschaftlichen Schaden unmittelbar bei der verantwortlichen Partei lokalisieren.[594] Im Kontext von Reparaturen würden dadurch Herstellungsstrategien attraktiv, die die Reparierbarkeit von Waren verbessern und frühzeitige Obsoleszenz vermeiden. Im deutschen Recht wird der Schaden im Wesentlichen nur über den Verkäuferregress des § 445a BGB zur verantwortlichen Partei zugeordnet. § 445a BGB ermöglicht ein Durchreichen des Schadens entlang der Lieferkette.[595] So sollen die aus der Mangelhaftigkeit resultierenden Kosten im wirtschaftlichen Ergebnis der verantwortlichen Person zugeordnet werden – meist der Herstellerin.[596] Dahinter steht der Gedanke, dass die verantwortliche Person die Kosten

---

591 IMCO, Berichtsentwurf vom 26.6.2023, 2023/0083(COD), Änderungsantrag 38.

592 *Atamer*, Nachhaltigkeit und die Rolle des Kaufrechts: Eine rechtsvergleichende Übersicht zu den Regulierungsmöglichkeiten, ZSR 2022, 285 (299-301); *van Gool/ Michel*, The New Consumer Sales Directive 2019/771 and Sustainable Consumption: A Critical Analysis, EuCML 2021, 136 (143); *Augenhofer/Küter*, Recht auf oder Pflicht zur Reparatur? – Gedanken zum Vorschlag für eine RL über gemeinsame Vorschriften zur Förderung der Reparatur von Waren, VuR 2023, 243 (248).

593 Vgl. *Salewski*, Der Verkäuferregress im deutsch-französischen Rechtsvergleich (2011).

594 Näher BeckOGK/*Arnold*, Stand 01.08.2023, § 445a BGB Rn. 15 ff.

595 BeckOGK/*Arnold*, Stand 01.08.2023, § 445a BGB Rn. 11 f.

596 BeckOGK/*Arnold*, Stand 01.08.2023, § 445a BGB Rn. 12.

auch am ehesten vermeiden kann (*cheapest cost avoider*).[597] Die von § 445a BGB anvisierte Kosteninternalisierung bei der verantwortlichen Person als *cheapest cost avoider* ließe sich regelungstechnisch eben auch durch eine direkte Haftung der verantwortlichen Person erzielen. In bestimmten Fällen würden Ansprüche gegen die verantwortliche Person also direkt bestehen – und nicht lediglich, wie von § 445a BGB vorgesehen, zwischen den individuellen Vertragspartnern innerhalb der Lieferkette. Eine solche Direktklage wurde auch in EG 23 der Verbrauchsgüterkauf-RL erwogen, fand aber keinen Eingang in die Warenkauf-RL.[598] Ein direkter Rückgriff gegen Hersteller unter Umgehung der weiteren Glieder in der Lieferkette war zudem noch im Diskussionsentwurf des Schuldrechtsmodernisierungsgesetzes v. 6.2.2001 vorgesehen.[599] Verwirklicht ist ein solcher direkter Durchgriff im französischen Recht, das mit der *action directe* dem Käufer ermöglicht, auch die entfernteren Verkäufer innerhalb der Lieferkette bis hin zum Hersteller in Anspruch zu nehmen.[600] Die systematische Integration einer Direktklage in das deutsche Privatrecht ist anspruchsvoll.[601] Ökonomisch spricht jedoch für ihre Einführung, dass die Kosteninternalisierung auf ihrer Grundlage wohl effektiver erreicht werden könnte.[602] Der IMCO schlägt in diesem Sinne vor, dass Verbraucher Reparatur auch unmittelbar vom Hersteller verlangen können.[603] Das wäre ein entscheidender Schritt für eine effektivere Kosteninternalisierung und könnte wünschenswerte Anreize setzen. Teils wird auch vorgeschlagen, die Hersteller zur Angabe einer Mindestlebensdauer für ihre Waren zu verpflichten, so dass sie dann im Wege einer Garantieübernahme haften (verpflichtende Haltbarkeitsgarantie).[604]

---

597 BeckOGK/*Arnold,* Stand 01.08.2023, § 445a BGB Rn. 13.

598 BeckOGK/*Arnold,* Stand 01.08.2023, § 445a BGB Rn. 15.

599 BeckOGK/*Arnold,* Stand 01.08.2023, § 445a BGB Rn. 16.

600 Rechtsvergleichend dazu *Salewski,* Der Verkäuferregress im deutsch-französischen Rechtsvergleich (2011).

601 *Gorodinsky,* §§ 478, 479 BGB, Der Regress des Letztverkäufers (2013), 66 ff.; ergänzende Direktansprüche de lege ferenda befürwortet *Fries,* Nacherfüllung in der vertragstypübergreifenden Absatzkette, AcP 217 (2017), 534 (574).

602 BeckOGK/*Arnold,* Stand 01.08.2023, § 445a BGB Rn. 17.

603 IMCO, Berichtsentwurf vom 26.6.2023, 2023/0083(COD), Änderungsanträge 46 und 50.

604 *Schlacke/Tonner/Gawel,* Nachhaltiger Konsum – integrierte Beiträge von Zivilrecht, öffentlichem Recht und Rechtsökonomie zur Steuerung nachhaltiger Produktnutzung, JZ 2016, 1030 (1037); *Atamer,* Nachhaltigkeit und die Rolle des Kauf-

II. Reparaturfreundliches Produktdesign und Liberalisierung der Reparaturmärkte

Gerade in der Perspektive des Handwerks sind ein reparaturfreundliches Produktdesign und möglichst frei zugängliche Reparaturmärkte von herausragender Bedeutung.[605] Wie bereits erörtert, sieht das europäische Ökodesignrecht immerhin schon für einige Warengruppen entsprechende Anforderungen an die Reparierbarkeit vor.[606] Diese Anforderungen könnten auf Grundlage des Ökodesign-VO-E 2022[607] der Kommission bald ausgeweitet werden.[608] Künftig sollen mehr Produktgruppen erfasst und die konkreten Designanforderungen erhöht werden, um nachhaltiges Produktdesign gerade auch mit Blick auf die Reparierbarkeit von Produkten zu stärken.[609] Durch die Änderungen könnte die fehlende Reparierbarkeit von Produkten künftig auch häufiger einen Sachmangel begründen als es gegenwärtig der Fall ist.[610] Die geplante Ausweitung verpflichtender Vorgaben für ein reparaturfreundliches Produktdesign durch das europäische Ökodesign-Recht ist aus der Perspektive des Handwerks begrüßenswert.[611] Denn das Handwerk kann seine Stärken auf dem Gebiet der Reparaturen nur dann ausspielen, wenn Waren reparierbar sind. Und die Reparierbarkeit von Waren hängt ganz entscheidend davon ab, dass Waren reparaturfreundlich konzipiert, hergestellt und vertrieben werden. Reparaturen

---

rechts: Eine rechtsvergleichende Übersicht zu den Regulierungsmöglichkeiten, ZSR 2022, 285 (301-302).

605 Dazu bereits oben, D.III.; s. auch *Mehnert*, Reparaturen für alle? – Rechtliche Perspektiven des „Right to repair", ZRP 2023, 9.

606 Vgl. im Einzelnen oben, D.III. Erfasst sind Waschmaschinen, Geschirrspüler, Kühlschränke, elektronische Displays und Server, bei denen Ressourceneffizienzanforderungen Reparaturen erleichtern und attraktiver machen sollen, vgl. *Micklitz/Mehnert/Specht-Riemenschneider/Liedtke/Kenning*, Recht auf Reparatur (2022), 38 f.

607 COM(2022) 142 final; dazu schon oben, D.III.2. und erneut etwa *Wende*, Sustainability by Design? – Nachhaltigkeitsaspekte im europäischen Produktrecht, ZfPC 2022, 165.

608 Vgl. oben, D.III. S. dazu auch *Mehnert*, Reparaturen für alle? – Rechtliche Perspektiven des „Right to repair", ZRP 2023, 9; *Micklitz/Mehnert/Specht-Riemenschneider/Liedtke/Kenning*, Recht auf Reparatur (2022), 36 ff.

609 Instruktiv auch zu möglichen vom Europäischen Parlament anvisierten Verschärfungen *Burchert/Weber*, EU-Ökodesign-Verordnung – Verschärfungen durch das Europäische Parlament?, Zeitschrift für nachhaltige Unternehmensführung (ESG) 2023, 104. Näher auch schon oben, D.III.

610 Vgl. oben, D.II.2.c).

611 Vgl. auch *Tonner*, Green Deal und Verbraucherrecht: das Recht auf Reparatur, VuR 2023, 241 (243).

können von vornherein schlicht unmöglich sein, wenn Produkte schon in der Designphase reparaturfeindlich gestaltet werden – etwa dadurch, dass Bauteile so verklebt werden, dass ein Austausch von Einzelteilen nicht ohne Beschädigung möglich ist[612] oder der Zugriff auf Ersatzteile, Reparaturanleitungen, Diagnose-Tools oder Reparatur-Fachkenntnisse schwer oder gar unmöglich ist. Der einfache, rasche und kostengünstige Zugang zu reparaturnotwendigen Informationen (Diagnosetools, Reparaturanleitungen[613], Software) muss daher durch entsprechende Herstellerpflichten sichergestellt werden. Zentral ist eine sichere und verlässliche Versorgung mit Ersatzteilen für die gesamte Lebensdauer von Produkten innerhalb möglichst kurzer Lieferfristen und zu angemessenen Preisen.[614] Denn Reparaturmärkte werden verengt, wenn fehlende Ersatzteile oder hohe Ersatzteilpreise verhindern, dass Reparaturen zu attraktiven Preisen angeboten werden können.[615] Reparaturmärkte müssen vor Herstellerstrategien geschützt werden, die das Angebot an Ersatzteilen künstlich verknappen und sekundäre Reparaturmärkte kontrollieren.[616] Vor diesem Hintergrund kann man nur begrüßen, dass sowohl der EWSA als auch der IMCO Zugang zu Ersatzteilen und allen reparaturbezogenen Informationen und Werkzeugen zu vertretbaren Kosten und in diskriminierungsfreier Weise fordern.[617] Natürlich ist die Regulierung von Preisen ein schwieriges und durchaus heikles Unterfangen. Im Koalitionsvertrag der Regierungsparteien bleibt die Preisthematik ausgespart, dort ist nur die Rede davon, dass der Zugang zu

---

612 *Micklitz/Mehnert/Specht-Riemenschneider/Liedtke/Kenning*, Recht auf Reparatur (2022), 31; vgl. schon oben, A.II. und B.II.3.

613 Aufgegriffen im Koalitionsvertrag der Regierungsparteien, Mehr Fortschritt wagen – Bündnis für Freiheit, Gerechtigkeit und Nachhaltigkeit, Koalitionsvertrag 2021-2025, https://www.bundesregierung.de/breg-de/aktuelles/koalitionsvertrag-20 21-1990800, 112.

614 *Mehnert*, Reparaturen für alle? – Rechtliche Perspektiven des „Right to repair", ZRP 2023, 9 (10 f.); vgl. auch *Atamer*, Nachhaltigkeit und die Rolle des Kaufrechts: Eine rechtsvergleichende Übersicht zu den Regulierungsmöglichkeiten, ZSR 2022, 285 (305 f.).

615 Vgl. oben, B.II.4.

616 Vgl. *Micklitz/Mehnert/Specht-Riemenschneider/Liedtke/Kenning*, Recht auf Reparatur (2022), 37.

617 IMCO, Berichtsentwurf vom 26.6.2023, 2023/0083(COD), Änderungsantrag 30; EWSA, Stellungnahme zum Kommissionsvorschlag – 2023/0083 (COD), ABl. EU C 293/77 (18.8.2023), Nr. 1.5.

Ersatzteilen sichergestellt wird.[618] Indes wurden in der Literatur bereits Vorschläge für die Ermittlung angemessener Preise im Ersatzteilsektor entworfen. Denkbar wäre beispielsweise die Kontrolle durch eine Marktaufsichtsbehörde, die Abschöpfung überhöhter Preisbestandteile oder die Orientierung der Preise an Unternehmenskosten und den entsprechenden Renditen.[619] Die Liberalisierung von Reparaturmärkten könnte zudem von Verfahrensregeln über die Anerkennung selbständiger Reparaturbetriebe als autorisierte Reparateure der Hersteller profitieren. Solche Regeln könnten mittelfristig den Kreis der Reparaturbetriebe erhöhen, die als autorisierte Herstellerpartner Reparaturen durchführen können.[620] Wünschenswert wäre auch – wie der EWSA fordert –, die Praxis des „Part Pairing" zu unterbinden, bei dem Hersteller durch bestimmte Bauteile mit Seriennummern deren Austausch verhindern, bzw. nach einem Austausch die Funktion des Geräts blockieren – zum Nachteil unabhängiger Reparaturwerkstätten und Refurbisher.[621] Ebenso zu begrüßen ist, dass der EWSA die gemeinsame Datennutzung (*data sharing*) bei Ersatzteilen prüfen und den 3D-Druck von Ersatzteilen sowie die Verwendung zuverlässiger gebrauchter Ersatzteile stärken und überholte Produkte fördern möchte.[622] In diesem Kontext bestehen freilich Barrieren im Recht des geistigen Eigentums.[623] Auch diesbezüglich hat die Literatur indes Lösungsvorschläge entwickelt, die hier nicht im Einzelnen dargestellt werden können.[624]

---

618 Mehr Fortschritt wagen – Bündnis für Freiheit, Gerechtigkeit und Nachhaltigkeit, Koalitionsvertrag 2021-2025, https://www.bundesregierung.de/breg-de/aktuelles/ko alitionsvertrag-2021-1990800, 112.

619 Näher *Micklitz/Mehnert/Specht-Riemenschneider/Liedtke/Kenning*, Recht auf Reparatur (2022), 43.

620 Vgl. dazu die Vorschläge bei *Independent Retail Europe*, Stellungnahme 2023, 5.

621 EWSA, Stellungnahme zum Kommissionsvorschlag, INT/1015 – EESC-2023-01158-00-00-AC-TRA (EN), Nr. 4.3.3.; vgl. zum Problem auch oben, B.II.3.

622 EWSA, Stellungnahme zum Kommissionsvorschlag, INT/1015 – EESC-2023-01158-00-00-AC-TRA (EN), Nr. 1.6.

623 S. auch oben, B.II.3.

624 Instruktiv *Leah Chan Grinvald/Ofer Tur-Sinai*, Intellectual Property Law and the Right to Repair, 88 Fordham L. Rev. (2019), 63 sowie jüngst *Rosborough/Wiseman/Pihlajarinne* et al, Achieving a (copy)right to repair for the EU's green economy, 18 Journal of Intellectual Property Law & Practice 2023, 344–352, https://doi.o rg/10.1093/jiplp/jpad034.

III. Verminderter Mehrwertsteuersatz für Reparaturen

Eine technisch leicht zu verwirklichende und wohl effektive Maßnahme zur Förderung von Reparaturen bestünde darin, einen verminderten Mehrwertsteuersatz für Reparaturen einzuführen, wie er beispielsweise in Schweden, Belgien oder den Niederlanden teilweise besteht.[625] Darin läge ein spürbarer Beitrag zur Herabsetzung der Reparaturkosten, was ökonomische Obsoleszenz zurückdrängen könnte – ohne die Gewinnmarge der Reparaturbetriebe zu beschneiden. Allerdings bestehen insoweit europarechtliche Grenzen, die der europäische Gesetzgeber zugunsten von Reparaturen beheben sollte. Die Mehrwertsteuer-Systemrichtlinie[626] erlaubt derzeit in Art. 98 Abs. 3 i.V.m. Anhang III nur die Reduzierung des Mehrwertsteuersatzes bei der Reparatur von Wohnungen und Privatwohnungen (Nr. 10), Haushaltsgeräten, Schuhen und Lederwaren, Kleidung und Haushaltswäsche (Nr. 19) sowie Fahrrädern (Nr. 25).[627]

IV. Informationskampagnen, zielorientierte Aufklärung, Reparaturindex

Frühzeitige Obsoleszenz wird wesentlich auch von Verbraucherentscheidungen ausgelöst, die nachhaltigkeitsschädlich sind.[628] Nachhaltigkeitsschädliche Verbraucherentscheidungen könnten erheblich reduziert werden, wenn das Nachhaltigkeitsbewusstsein in der Bevölkerung gestärkt wird.[629] Menschen müssen sich noch stärker dessen bewusstwerden, dass ihr individuelles Konsumverhalten tiefgreifende ökologische Konsequenzen hat. Eine entsprechende Aufklärung müsste möglichst zielorientiert erfolgen, etwa durch Informationskampagnen an Schulen oder die Integration von Nachhaltigkeitsthemen in Lehrplänen. Sinnvoll können zudem Indizes

---

625 *Micklitz/Mehnert/Specht-Riemenschneider/Liedtke/Kenning*, Recht auf Reparatur (2022), 30; *Perzanowski*, The Right To Repair (2022), 30.

626 RL 2006/112/EG.

627 Vgl. dazu *Specht-Riemenschneider/Mehnert*, Updates und das „Recht auf Reparatur", ZfDR 2022, 313 (320).

628 Ausführlich dazu oben, B. (insbesondere B.III.2.).

629 Vgl. auch EWSA, Stellungnahme zum Kommissionsvorschlag, INT/1015 – EE-SC-2023-01158-00-00-AC-TRA (EN), Nr. 1.9 und Nr. 4.1.4.; *Sachverständigenrat für Umweltfragen*, Politik in der Pflicht: Umweltfreundliches Verhalten erleichtern (2023), 29 ff. und zusammenfassend 159 ff.; weiterführend auch *Perzanowski*, Consumer Perceptions of the Right to Repair, 96 (2) Indiana Law Journal 2021, 361.

zur Reparierbarkeit von Produkten sein.[630] Frankreich sieht immerhin für eine begrenzte Anzahl von Produkten einen Reparaturindex (indice de réparabilité) vor.[631] Auch der EWSA setzt sich für die Entwicklung eines unionalen Reparaturindexes ein.[632]

V. Ausbildung von Reparaturfachkräften

Der EWSA weist auf den Fachkräftemangel im Handwerk hin und betont die Notwendigkeit eines flächendeckenden Zugangs zu Reparaturbetrieben. Vor diesem Hintergrund fordert er zu Recht eine proaktive Politik bezüglich der beruflichen Aus- und Fortbildung im Hinblick auf Reparaturen.[633]

VI. Reparaturboni

Eine weitere sinnvolle Maßnahme sind Reparaturboni.[634] So werden etwa in Österreich Reparaturen mit einer Summe von 200 Euro pro Bürger im Jahr gefördert.[635] Vorreiter war 2017 die Stadt Graz mit einer Förderung von Reparaturdienstleistungen an Elektrogeräten.[636] Auch in Thüringen wird durch den „Reparaturbonus Thüringen" ein Anreiz gesetzt, defekte Elektrogeräte zu reparieren statt wegzuwerfen.[637] Der Sachbericht der

---

630 Vgl. auch *Micklitz/Mehnert/Specht-Riemenschneider/Liedtke/Kenning*, Recht auf Reparatur (2022), 30.

631 Dazu und zu Einzelheiten etwa *Specht-Riemenschneider/Mehnert*, Updates und das „Recht auf Reparatur", ZfDR 2022, 313 (319 f.)

632 EWSA, Stellungnahme zum Kommissionsvorschlag, INT/1015 – EESC-2023-01158-00-00-AC-TRA (EN), Nr. 4.1.3.

633 EWSA, Stellungnahme zum Kommissionsvorschlag, INT/1015 – EESC-2023-01158-00-00-AC-TRA (EN), Nr. 4.2.4.

634 https://runder-tisch-reparatur.de/bundesweiter-reparaturbonus-als-entlastungsmassnahme/; vgl. auch *Seitz*, Das Recht auf Reparatur – Balanceakt zwischen Ressourcenschutz und ausufernder Herstellerhaftung, GWR 2023, 150 (152). Dazu auch *Specht-Riemenschneider/Mehnert*, Updates und das „Recht auf Reparatur", ZfDR 2022, 313 (320 f.).

635 Vgl. *Specht-Riemenschneider/Mehnert*, Updates und das „Recht auf Reparatur", ZfDR 2022, 313 (321).

636 Sachbericht Reparaturbonus Thüringen, https://www.vzth.de/sites/default/files/2022-09/sachbericht-reparaturbonus-thueringen-2021.pdf, 4.

637 Sachbericht Reparaturbonus Thüringen, https://www.vzth.de/sites/default/files/2022-09/sachbericht-reparaturbonus-thueringen-2021.pdf; vgl. auch *Specht-Riemenschneider/Mehnert*, Updates und das „Recht auf Reparatur", ZfDR 2022, 313 (320 f.).

Verbraucherzentrale Thüringen veranschaulicht die potenzielle Effektivität einer solchen Maßnahme, die binnen einen Jahres nur in Thüringen auf Reparaturen in Höhe von über 1 Million Euro verweisen kann.[638] Gerade das Handwerk könnte von solchen Maßnahmen profitieren, wurden doch etwa in Thüringen die meisten geförderten Reparaturen bei Fachhändlern und in Werkstätten durchgeführt.[639]

VII. Bestrafung geplanter Obsoleszenzstrategien (nach französischem Vorbild)?

Eine weitere denkbare Maßnahme könnte darin bestehen, zielgerichtete Obsoleszenzstrategien mit strafrechtlichen Mitteln zu bekämpfen. Frankreich ist, soweit ersichtlich, das bislang einzige Land, dass geplante Obsoleszenz (l'obsolescence programmée) unter Strafandrohung stellt (bis zu zwei Jahren Freiheitsstrafe).[640] Die zielgerichtete Obsoleszenz sollte zwar nicht in das Zentrum der Diskussion gestellt werde. [641] Doch auch das Strafrecht kann wohl einen regulativen Beitrag zur Zurückdrängung dieses Phänomens leisten.[642] Natürlich kommt bei geplanter Obsoleszenz auch eine verschärfte zivilrechtliche Haftung der Hersteller (insbesondere aus § 826 BGB) in Betracht.[643]

---

638   Sachbericht Reparaturbonus Thüringen, https://www.vzth.de/sites/default/files/202 2-09/sachbericht-reparaturbonus-thueringen-2021.pdf, 10.

639   Sachbericht Reparaturbonus Thüringen, https://www.vzth.de/sites/default/files/202 2-09/sachbericht-reparaturbonus-thueringen-2021.pdf, 14.

640   Art. L.441-2 und Art. L454-6 Code de la Consommation; eingehend dazu *La Rosa*, Planned Obsolescence and Criminal Law: A Problematic Relationship? (2020); *Atamer*, Nachhaltigkeit und die Rolle des Kaufrechts: Eine rechtsvergleichende Übersicht zu den Regulierungsmöglichkeiten, ZSR 2022, 285 (308 f.).

641   Vgl. oben, B.I.2.

642   Dafür nachdrücklich *Bisschop/Hendlin/Jaspers*, Designed to break: planned obsolescence as corporate environmental crime, 78 Crime, Law and Social Change (2022), 271.

643   Vgl. *Atamer*, Nachhaltigkeit und die Rolle des Kaufrechts: Eine rechtsvergleichende Übersicht zu den Regulierungsmöglichkeiten, ZSR 2022, 285 (308 f.).

F. Zusammenfassung der wichtigsten Ergebnisse

Reparaturen können einen wichtigen Beitrag zu einer nachhaltigen Kreislaufwirtschaft leisten. Das Handwerk ist dafür unverzichtbar. Ein zentrales Hindernis für Reparaturen liegt in der frühzeitigen Obsoleszenz von Waren, für die es eine Vielzahl von Ursachen gibt. Das gegenwärtige Recht stellt kaum Anreize zur Verfügung, die daraus resultierenden Hindernisse für Reparaturen zu beseitigen. Vor diesem Hintergrund ist der Kommissionsvorschlag auch aus der Perspektive des Handwerks begrüßenswert, weil er die Förderung von Reparaturen als regulative Aufgabe annimmt und einen entsprechenden Regulierungsbedarf verdeutlicht. Im Detail besteht erheblicher Verbesserungs- und Ergänzungsbedarf. Der Vorschlag überschätzt die Selbstregulierungskräfte des Marktes und lässt viele grundlegende Reparaturhindernisse unreguliert. Dazu gehören die Reparaturkosten, der Zugang zu Ersatzteilen und die Bereitstellung von Ersatzgeräten während der Reparatur. Eine ambitionierte Förderung überholter Waren, von der das Handwerk profitieren könnte, fehlt. Das europäische Formular für Reparaturdienstleistungen schafft hohe bürokratische Hürden und birgt die Gefahr, dass Reparaturen weniger attraktiv werden. Seine Einführung ist nachdrücklich abzulehnen, auch aus der Perspektive des Handwerks. Das neue „Recht auf Reparatur" außerhalb des Gewährleistungsrechts ist grundsätzlich begrüßenswert. Handwerksbetriebe können neue Tätigkeitsfelder erschließen bzw. bestehende erweitern, indem sie vermehrt im Auftrag der Hersteller Reparaturen durchführen. Erwägenswert ist die Erweiterung der Reparaturpflicht auf weitere Produkte – so könnten etwa dem Vorschlag des IMCO entsprechend Kraftfahrzeuge, Fahrräder und Batterien aufgenommen werden. Denkbar wäre auch, die Reparaturpflicht auf alle Waren i.S.d. Warenkauf-RL auszudehnen. Wenn die Reparatur unmöglich ist, besteht die Reparaturpflicht ohnehin nicht. Sehr aufwändige Reparaturen dürften wegen der entsprechend hohen Gegenleistung selten bleiben. Wünschenswert wäre eine Ergänzung des „Rechts auf Reparatur" i.e.S. um eine an den Grundgedanken des § 275 Abs. 2 BGB angelehnte Einwendung, um zu aufwändige oder wenig nachhaltige Reparaturen möglichst zu vermeiden: Das „Recht auf Reparatur" i.e.S. sollte ausgeschlossen sein, wenn die Reparatur unverhältnismäßig aufwändig oder besonders ressourcenintensiv wäre. Begrüßenswert ist aus Sicht des Handwerks der

Vorschlag des IMCO, Zugang zu Ersatzteilen und allen reparaturbezogenen Informationen und Werkzeugen zu vertretbaren Kosten und in diskriminierungsfreier Weise zu gewährleisten. Die von der Kommission vorgeschlagene Ergänzung der Warenkauf-RL zielt auf eine Bevorzugung der Reparatur ab, wenn ihre Kosten diejenigen einer Ersatzlieferung nicht übersteigen. Dass Reparaturen im System der Abhilfen bei Vertragswidrigkeit bessergestellt werden, ist begrüßenswert. Klargestellt werden sollte, dass auch das Wahlrecht der Verbraucher eingeschränkt werden soll, wenn die Reparaturkosten die Ersatzlieferungskosten nicht überschreiten. Effektiver wäre eine grundlegende Neujustierung des Rechtsbehelfssystems der Warenkauf-RL. Ersatzlieferung sollte nur dann verlangt werden können, wenn die Reparatur technisch ausgeschlossen oder nur mit unverhältnismäßig hohen Kosten möglich ist. Auch aus der Perspektive des Handwerks wäre begrüßenswert, wenn im System der Rechtsbehelfe nach der Warenkauf-RL Reparaturen stärkeren Vorrang gegenüber der ökologisch regelmäßig nachteiligen Ersatzlieferung erhielte. Begrüßenswert wäre außerdem eine stärkere Positionierung der Minderung gegenüber der Ersatzlieferung. Maßnahmen außerhalb des Vertragsrechts können ebenfalls wichtige Beiträge zur Förderung von Reparaturen leisten. Dazu zählen ein ambitionierter Ausbau des europäischen Ökodesign-Rechts, ein verminderter Mehrwertsteuersatz für Reparaturen, zielorientierte Informationskampagnen, Reparaturboni und auch die strafrechtliche Sanktionierung geplanter Obsoleszenzstrategien.

G. Literaturverzeichnis

Abbey, James D./Meloy, Margaret G./Guide Jr., V. Daniel R./Atalay, Selin, Remanufactured Products in Closed-Loop Supply Chains for Consumer Goods, 24 (3) Production and Operations Management 2014, 488.

Ackermann, Laura/Mugge, Ruth/Shoormans, Jan, Consumers' perspective on product care: An exploratory study of motivators, ability factors, and triggers, 183 Journal of Cleaner Production 2018, 380.

Ackermann, Laura/Tuimaka, Mahana/Pohlmeyer, Anna E./Mugge, Ruth, Design for Product Care—Development of Design Strategies and a Toolkit for Sustainable Consumer Behaviour, Journal of Sustainability Research 2021, 2021;3(2):e210013, https://doi.org/10.20900/jsr20210013.

ADAC, Stellungnahme vom 25.5.2023 zum Kommissionsvorschlag https://ec.europa.eu/info/law/better-regulation/have-your-say/initiatives/13150-Nachhaltiger-Konsum-von-Gutern-Forderung-von-Reparatur-und-Wiederverwendung/F3423081_de.

Alejandre, Carlos/Akizu-Gardoki, Ortzi/Lizundia, Erlantz, Optimum operational lifespan of household appliances consideringmanufacturing and use stage improvements via life cycle assessment, 32 Sustainable Production and Consumption 2022, 52, , https://doi.org/10.1016/j.spc.2022.04.007.

American Chamber of Commerce to the European Union (AmCham EU), Stellungnahme vom 24. Mai 2023, https://ec.europa.eu/info/law/better-regulation/have-your-say/initiatives/13150-Nachhaltiger-Konsum-von-Gutern-Forderung-von-Reparatur-und-Wiederverwendung/F3422905_de.

Arnold, Stefan, Bürgerliches Recht und Rechtsphilosophie – Gegenseitige Anerkennung und Gerechtigkeit als Schlüssel zur Rationalität des Rechts, in: Diethelm Klippel u.a. (Hrsg.), Grundlagen und Grundfragen des Bürgerlichen Rechts, Bielefeld 2016, 5.

Arnold, Stefan, Privatautonomie, Vertrag und Gleichheit – Das Privatrecht in seiner politischen Dimension, in: Jens Eisfeld u.a. (Hrsg.), Zivilrechtswissenschaft. Bausteine der Zivilrechtstheorie, Tübingen 2023, 559.

Arnold, Stefan, Gemeinwohltopoi im Privatrecht, in: Christian Hiebaum (Hrsg.), Handbuch Gemeinwohl (Springer Reference), Wiesbaden 2022, 451, als e-book: Springer 2020: link.springer.com/referencework/10.1007/978-3-658-21086-1.

Arnold, Stefan, Verhaltenssteuerung als rechtsethische Aufgabe auch des Privatrechts?, in: Peter Bydlinski (Hrsg.), Prävention und Strafsanktion im Privatrecht – Verhaltenssteuerung durch Rechtsnormen, Wien 2016, 39.

Arnold, Stefan, Vertrag und Verteilung – Die Bedeutung der iustitia distributiva im Vertragsrecht, Tübingen 2014.

Arnold, Stefan/Bydlinski, Peter, BGB – Schuldrecht Allgemeiner Teil, Heidelberg 2020.

Atamer, Yesim M. Nachhaltigkeit und die Rolle des Kaufrechts: Eine rechtsvergleichende Übersicht zu den Regulierungsmöglichkeiten, ZSR 2022, 285.

Augenhofer, Susanne/Küter, Rebecca, Recht auf oder Pflicht zur Reparatur? – Gedanken zum Vorschlag für eine RL über gemeinsame Vorschriften zur Förderung der Reparatur von Waren, VuR 2023, 243

Bach, Ivo/Wöbbeking, Maren, Das Haltbarkeitserfordernis der Warenkauf-RL als neuer Hebel für mehr Nachhaltigkeit?, NJW 2020, 2672.

Bach, Ivo/Kieninger,Eva-Maria, Ökologische Analyse des Zivilrechts, JZ 2021, 1088.

Bakker, Conny/Wang, Feng/Huisman, Jaco/den Hollander, Marcel, Products that go round: exploring product life extension through design, 69 Journal of Cleaner Production 2014, 10

Bayerischer Handwerkstag, Stellungnahme zum Recht auf Reparatur, April 2023, https://www.hwk-muenchen.de/downloads/stellungnahme-zum-recht-auf-reparatur-74,13551.pdf.

Becher, Samuel/Sibony, Anne-Lise, Confronting Product Obsolescence, 27 Columbia Journal of European Law (2021), 97.

Bisschop, Lieselot/Hendlin, Yogi/Jaspers, Jelle, Designed to break: planned obsolescence as corporate environmental crime, 78 Crime, Law and Social Change (2022), 271, https://doi.org/10.1007/s10611-022-10023-4.

Bitkom e.V., Stellungnahme vom 25. Mai 2023, https://ec.europa.eu/info/law/better-regulation/have-your-say/initiatives/13150-Nachhaltiger-Konsum-von-Gutern-Forderung-von-Reparatur-und-Wiederverwendung/F3422995_de.

Bovea, María D./Ibáñez-Forés, Valeria/Pérez-Belis, Victoria, Repair vs. replacement: what is the best alternative for household small electric and electronic equipment?, in: Conny Bakker u.a. (Hrsg.), Plate Product Lifetimes And The Environment, Conferene Proceedings, Amsterdam 2017, 51.

Burchert, Tobias/Weber, Mia, EU-Ökodesign-Verordnung – Verschärfungen durch das Europäische Parlament?, Zeitschrift für nachhaltige Unternehmensführung (ESG) 2023, 104.

Burgi, Martin, Klimaverwaltungsrecht angesichts von BVerfG-Klimabeschluss und European Green Deal, NVwZ 2021, 1401.

Carlsson, Frederik/Gravert, Christina/Johansson-Stenman, Olof/Kurz, Verena, The Use of Green Nudges as an Environmental Policy Instrument, 15 Review of Environmental Economics and Policy 2021, 216.

Croon-Gestefeld, Johanna, Die nachhaltige Beschaffenheit der Kaufsache, NJW 2022, 497.

Deutscher Anwaltverein, Stellungnahme vom Mai 2023, https://anwaltverein.de/de/newsroom/sn-28-23-eu-richtlinienentwurf-zur-foerderung-der-reparatur?file=files/anwaltverein.de/downloads/newsroom/stellungnahmen/2023/dav-sn-28-2023-eu-richtlinien-vorschlag-zur-foerderung-der-reparatur.pdf.

Deutscher Industrie- und Handelskammertag, Stellungnahme vom 30. März 2023: Nachhaltiger Konsum von Gütern – Förderung von Reparatur und Wiederverwendung, https://www.dihk.de/resource/blob/69010/572c95a3ad43f1ca435c6d092a4b4a7c/dihk-stellungnahme-konsultation-nachhaltigkeit-data.pdf.

Digital Europe, Stellungnahme vom 15. Mai 2023, https://ec.europa.eu/info/law/better -regulation/have-your-say/initiatives/13150-Nachhaltiger-Konsum-von-Gutern-Ford erung-von-Reparatur-und-Wiederverwendung/F3417290_de.

Ekardt, Felix, Theorie der Nachhaltigkeit, Baden-Baden, 3. Aufl. 2021.

European Commission, Consumers, Health, Agriculture and Food Executive Agency, Duke, Charlotte/Thorun, Christian/Dekeulenaer, Femke, Behavioural study on consumers' engagement in the circular economy – Final report, {CEU}, 2018, https://dat a.europa.eu/doi/10.2818/956512.

European Vending & Coffee Service Association (EVA), Stellungnahme vom 25. Mai 2023, https://ec.europa.eu/info/law/better-regulation/have-your-say/initiatives/1315 0-Nachhaltiger-Konsum-von-Gutern-Forderung-von-Reparatur-und-Wiederverwen dung/F3423097_de.

Fachbach, Indes/Lechner, Gernot/Reimann, Marc, Drivers of the consumers' intention to use repair services, repair networks and to self-repair, Journal of Cleaner Production 2022, 130969.

Falke, Josef, Neue Entwicklungen im Europäischen Umweltrecht, ZUR 2020, 246.

Falke, Josef, Neue Entwicklungen im Europäischen Umweltrecht, ZUR 2023, 431.

Fries, Martin, Nacherfüllung in der vertragstypübergreifenden Absatzkette, AcP 217 (2017), 534.

Gildeggen, Rainer, Abschied von der kurzen Verjährungsfrist des § 438 Abs. 1 Nr. 3 BGB in der Praxis?, VuR 2016, 83.

Gildeggen, Rainer, Zur Verfassungswidrigkeit kurzer Gewährleistungsfristen bei langlebigen Produkten, VuR 2017, 203.

Gorodinsky, Boris, §§ 478, 479 BGB, Der Regress des Letztverkäufers, Berlin2013.

Gregson, Nicky/Metcalfe, Alan/Crewe, Louise, Practices of Object Maintenance and Repair: How consumers attend to consumer objects within the home, 9 Journal of Consumer Culture 2009, 248.

Grinvald, Leah Chan/Tur-Sinai, Ofer, Intellectual Property Law and the Right to Repair, 88 Fordham L. Rev. 2019, 63.

Halfmeier, Axel, Abschied vom Konsumschutzrecht, VuR 2022, 3.

Halfmeier, Axel, Nachhaltiges Privatrecht, 216 AcP 2016, 717.

Harrell, Gilbert D./McConocha, Diane M. Personal Factors Related to Consumer Product Disposal Tendencies, 26 Journal of Consumer Affairs 1992 397.

Hellgardt, Alexander, Nachhaltigkeitsziele und Privatrecht, AcP 222 (2022), 163.

Hoglund, Sahra Svensson/Richter, Jessika Luth/Maitre-Ekern, Eléonore/Russell, Jennifer D./Pihlajarinne, Taina/Dalhammar, Carl, Barriers, enablers and market governance: A review of the policy landscape for repair of consumer electronics in the EU and the U.S., Journal of Cleaner Production 2021, 125488.

Independent Retail Europe, Stellungnahme vom 25.5.2023 zum Kommissionsvorschlag, https://ec.europa.eu/info/law/better-regulation/have-your-say/initiatives/13150-Nac hhaltiger-Konsum-von-Gutern-Forderung-von-Reparatur-und-Wiederverwendung/ F3423161_de.

Jin, Chen/Yang Luyi/Zhu, Cungen, Right to Repair: Pricing, Welfare, and Environmental Implications, 69 (2) Management Science 2022, 1017.

Keimeyer, Friedhelm/Gailhofer, Peter/Gsell, Martin/Graulich, Kathrin/Prakash, Siddharth/Scherf, Cara-Sophie, Weiterentwicklung von Strategien gegen Obsoleszenz einschließlich rechtlicher Instrumente, Studie im Auftrag des Bundesumweltamts 2020, https://www.umweltbundesamt.de/publikationen/weiterentwicklung-von-stra tegien-gegen-obsoleszenz.

Konferenz der Justizministerinnen und Justizminister der Länder unter Mitwirkung der Länder Baden-Württemberg, Bayern, Berlin, Brandenburg, Hamburg, Niedersachsen, Nordrhein-Westfalen (Federführung), Rheinland-Pfalz, Sachsen und Sachsen-Anhalt, Bericht der Arbeitsgruppe „Nachhaltigkeit im Zivilrecht", https://www.justiz. bayern.de/media/pdf/jumiko2021/top_i._3_lag_nachhaltigkeit_im_zivilrecht_-_beri cht_der_ag.pdf.

Kieninger, Eva-Maria, Recht auf Reparatur („Right to Repair") und Europäisches Vertragsrecht, ZEuP 2020, 264.

Kilian, Wolfgang, Kontrahierungszwang und Zivilrechtssystem, AcP 180 (1980), 47.

Klindt, Thomas Kaufst Du noch oder reparierst Du schon? Kritisches zum geplanten „Recht auf Reparatur", BB 2022, Heft 6 Umschlagteil I.

Knipp, Hans-Peter, Ersatzteilversorgung im technischen Kundendienst, Münster 1985.

Kryla-Cudna, Katarzyna, Sales Contracts and the Circular Economy, European Review of Private Law 2020, 1207.

La Rosa, Emanuele, Planned Obsolescence and Criminal Law: A Problematic Relationship?, in: Mauerhofer u.a. (Hrsg.), Sustainability and Law (2020), 221-236.

LKQ Europe, Stellungnahme vom 22. Mai 2023, https://ec.europa.eu/info/law/better-re gulation/have-your-say/initiatives/13150-Nachhaltiger-Konsum-von-Gutern-Forder ung-von-Reparatur-und-Wiederverwendung/F3422676_de.

Lorenz, Stephan, Die Umsetzung der EU-Warenkaufrichtlinie in deutsches RechtNJW 2021, 2065.

Magnier, Lise/Mugge,Ruth, Replaced too soon? An exploration of Western European consumers' replacement of electronic products, Resources, Conservation & Recycling 2022, 106448.

Mak, Vanessa/Lujinovic, Enna, Towards a Circular Economy in EU Consumer Markets – Legal Possibilities and Legal Challenges and the Dutch Example, EuCML 2019, 4.

McDonough, William/Braungart, Michael, Cradle to Cradle: Remaking the Way We Make the Things, New York City 2002.

Mehnert, Victor, Reparaturen für alle? – Rechtliche Perspektiven des „Right to repair", ZRP 2023, 9.

Michel, Anaïs, Premature Obsolescence: In Search of an Improved Legal Framework, Dissertation Leuven 2022, http://hdl.handle.net/2078.1/271326.

Micklitz, Hans-Wolfgang, Squaring the Circle? Reconciling Consumer Law and the Circular Economy, EuCML 2019, 229.

Micklitz, Hans-Wolfgang/Mehnert, Victor/Specht-Riemenschneider, Louisa/Liedtke, Christa/Kenning, Peter, Recht auf Reparatur, Veröffentlichungen des Sachverständigenrats für Verbraucherfragen, Berlin 2022.

Mittwoch, Anne-Christin, Nachhaltigkeit und Unternehmensrecht, Tübingen 2022.

OECD, Product durability and product life extension: their contribution to solid waste management, Paris 1982.

Perzanowski, Aaron, The Right to Repair. Reclaiming the Things We Own, Cambridge 2022.

Perzanowski, Aaron, Consumer Perceptions of the Right to Repair, 96 (2) *Indiana Law Journal* 2021, 361.

Perzanowski, Aaron/Hoofnagle, Chris Jay/Kesari, Aniket, The Tethered Economy, 87 (4) The George Washington Law Review 2019, 783.

Petersen, Frank, Die Produktverantwortung im Kreislaufwirtschaftsrecht, NVwZ 2022, 921.

Prakash, Siddharth/Dehoust, Günther/Gsell, Martin/Schleicher, Tobias/ Stamminger, Rainer, Einfluss der Nutzungsdauer von Produkten auf ihre Umweltwirkung: Schaffung einer Informationsgrundlage und Entwicklung von Strategien gegen „Obsoleszenz", 2016 (Studie im Auftrag des Bundesumweltamts, https://www.umweltbundesa mt.de/sites/default/files/medien/378/publikationen/texte_11_2016_einfluss_der_nut zungsdauer_von_produkten_obsoleszenz.pdf.

Purdy, Kevin, Is This the End of the Repairable iPhone?, https://de.ifixit.com/News/45 921/is-this-the-end-of-the-repairable-iphone, 2020.

Rosborough, Anthony D./Wiseman, Leanne/Pihlajarinne, Taina, Achieving a (co-py)right to repair for the EU's green economy, 18 Journal of Intellectual Property Law & Practice 2023, 344, https://doi.org/10.1093/jiplp/jpad034.

Sachverständigenrat für Umweltfragen, Politik in der Pflicht: Umweltfreundliches Verhalten erleichtern, Berlin 2023, https://www.umweltrat.de/SharedDocs/Downloads/ DE/02_Sondergutachten/2020_2024/2023_05_SG_Umweltfreundliches_Verhalten. pdf?__blob=publicationFile&v=11.

Salewski, Sabrina, Der Verkäuferregress im deutsch-französischen Rechtsvergleich, Tübingen 2011.

Schirmer, Jan-Erik, Nachhaltiges Privatrecht, Tübingen 2023.

Schirmer, Jan-Erik, Nachhaltigkeit in den Privatrechten Europas, ZEuP 2021, 35.

Schlacke, Sabine/Tonner, Klaus/Gawel, Erik, Nachhaltiger Konsum – integrierte Beiträge von Zivilrecht, öffentlichem Recht und Rechtsökonomie zur Steuerung nachhaltiger Produktnutzung, JZ 2016, 1030.

Seitz, Niklas Maximilian Das Recht auf Reparatur – Balanceakt zwischen Ressourcenschutz und ausufernder Herstellerhaftung, GWR 2023, 150.

Sonde, Stephan Lars, Das kaufrechtliche Mängelrecht als Instrument zur Verwirklichung eines nachhaltigen Konsums, Dissertation Kassel 2015, Kassel 2016 doi:10.19211/KUP9783737600897.

Specht-Riemenschneider, Louisa/Mehnert, Victor , Updates und das „Recht auf Reparatur", ZfDR 2022, 313.

Spinney, Justin/Burningham, Kate/Cooper, Geoff/Green, Nicky/Uzzell, David, „What I've found is that your related experiences tend to make you dissatisfied": Psychological obsolescence, consumer demand and the dynamics and environmental implications of de-stabilization in the laptopsector, 12 Journal of Consumer Culture 2012, 347.

Sunstein, Cass R., Why nudge? The Politics of Libertarian Paternalism, New Haven 2014.

Tonner, Klaus, Mehr Nachhaltigkeit im Verbraucherrecht – die Vorschläge der EU-Kommission zur Umsetzung des Aktionsplans für die Kreislaufwirtschaft, VuR 2022, 323.

Umweltbundesamt, Berechnung der Treibhausgasemissionsdaten für das Jahr 2022 gemäß Bundesklimaschutzgesetz, Begleitender Bericht, Kurzfassung vom 15. März 2023, https://www.umweltbundesamt.de/sites/default/files/medien/361/dokumente/vjs_2022_-_begleitbericht_final_kurzfassung.pdf.

van Gool, Elias/Michel, Anaïs, The New Consumer Sales Directive 2019/771 and Sustainable Consumption: A Critical Analysis, EuCML 2021, 136.

van Nes, Nicole/Cramer, Jacqueline M., Product lifetime optimization: a challenging strategy towards more sustainable consumption patterns, 14 Journal of Cleaner Production (2006), 1307.

Verbraucherzentrale Bundesverband, Stellungnahme zum Kommissionsvorschlag vom Mai 2023, https://www.vzbv.de/sites/default/files/2023-05/23-05-15_vzbv_STN_Recht%20auf%20Reparatur%20darf%20keine%20Mogelpackung%20werden_EU_Recht%20auf%20Reparatur.pdf.

Watson, David/Gylling, Anja Charlotte/Tojo, Naoko/Throne-Holst, Harald/Bauer, Bjørn/Milios, Leonidas, Circular Business Models in the Mobile Phone Industry, TemaNord 2017:560 https://norden.diva-portal.org/smash/get/diva2:1153357/FULLTEXT02.pdf.

Wende, Susanne, Sustainability by Design? – Nachhaltigkeitsaspekte im europäischen Produktrecht, ZfPC 2022, 165.

Wieser, Harald, Exploring the inner loops of the circular economy: Replacement, repair, and reuse of mobile phones in Austria, 172 Journal of Cleaner Production 2018, 3043.

Wilke, Felix M., Besonderheiten der Beschaffenheitsvereinbarung im Kaufgewährleistungsrecht, NJW 2023, 633.

Wormit, Maximilian, Europäisches Produktrecht im Zeichen der Ressourceneffizienz, EuZW 2021, 873.

Zech, Herbert Nachhaltigkeit und Digitalisierung im Recht, ZfDR 2022, 123.

Zentralverband des Deutschen Handwerks (ZDH), Stellungnahme vom 10. Mai 2023, https://www.zdh.de/fileadmin/Oeffentlich/Organisation_und_Recht/Themen/Stellungnahmen/2023/20230510_08-01_Stgn_RL-Vorschlag_Recht_auf_Reparatur.pdf.